Au temps de l'Épopée...

LETTRES

DE

Dupont d'Herval

Chef d'État-Major à la Grande Armée

PUBLIÉES PAR A. VAILLANT

Lauréat de l'Institut

PARIS

LIBRAIRIE CHAPELOT

MARC IMHAUS ET RENÉ CHAPELOT, ÉDITEURS

…ue Dauphine, VIe (Même Maison à NANCY)

1914

LETTRES

de

Dupont d'Herval

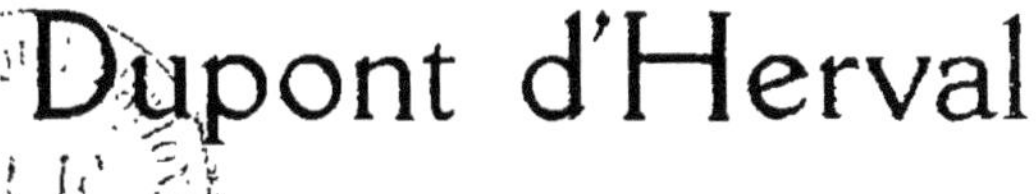

Au temps de l'Épopée...

LETTRES

DE

Dupont d'Herval

Chef d'État-Major à la Grande Armée

PUBLIÉES PAR A. VAILLANT

Lauréat de l'Institut

PARIS

LIBRAIRIE CHAPELOT

MARC IMHAUS ET RENÉ CHAPELOT, ÉDITEURS

30, Rue Dauphine, VIe (Même Maison à NANCY)

1914

LETTRES

de

Dupont d'Herval

Le chevalier Dupont d'Herval, adjudant-commandant de la Grande Armée, chef de l'Etat-Major de la 2e division de cuirassiers, tué à la Moskowa, n'a pas légué son nom à l'histoire, — mais feuilletons ces « Lettres », jaunies par le temps : nous y retrouvons, toute vibrante, son âme — éprise à la fois de poésie et de réel, de tradition et de nouveauté, d'aventure et de paix, — image fidèle de celle de la France de son époque, incertaine entre le passé et l'avenir, puis fascinée par l'Empereur, jusqu'à perdre, dans l'ivresse de la gloire, la conscience même de ses hésitations.

Notre héros écrit au fil de la plume, entre deux aventures, sans penser, certes, que la postérité le lira. Dans sa correspondance, vivante et originale entre toutes, écrite en un langage clair, alerte et sans prétention, nous trouvons à la fois — le guerrier, familiarisé avec les drames les plus tragiques, — le bon papa, d'une inaltérable fraîcheur de sentiments, — le rimeur qui, sous les balles, fait un couplet; — au total, un joli type de Français pur sang, toujours amoureux de la gloire, de son clocher et de la belle humeur.

Avec une singulière puissance de vie et d'actualité, c'est l'Épopée impériale qui passe.

Né, en 1758, en Normandie, d'une grande famille bourgeoise, le jeune Dupont d'Herval est destiné, par sa naissance, sa fortune et son éducation, à être fidèle serviteur du Roy. Il est de ceux qui ont toute confiance dans la solidité éternelle de l'édifice monarchique, — si antique qu'il semble défier les injures du temps, — et qui n'aperçoivent même pas les lézardes qui vont bientôt amener son écroulement.

Il fait paisiblement les études — très soignées — qui conviennent à son rang, puis, vers la vingt-huitième année, — toujours comme il convient, — songe à « s'établir ».

Voyez avec quelle délicatesse, quelle perfection de forme, M. Dupont écrit à sa fiancée, Mlle Duval. — (Ces noms ne sont-ils pas français jusqu'au symbolisme?)

Promesses de fiancé à Mademoiselle Duval l'aînée, à Vraiville.

Juin 1786.

Mademoiselle,

Oui, ce sera dimanche, et même dimanche prochain (quoique vous me laissiez le choix du dimanche) que j'aurai le plaisir de vous remercier de la favorable réponse dont vous avez honoré ma requête. Avez-vous pu croire que j'attendrais patiemment la huitaine? Si vous n'avouez pas que vous ne l'avez pas pensé, ce sera là le sujet de notre première querelle, qu'il ne tiendra pourtant qu'à vous d'apaiser tout de suite.

J'ai lu avec la plus vive satisfaction la lettre de votre cousine et surtout l'article qui m'apprend que vous consentez à passer votre vie avec moi : il n'y avait dans cette charmante lettre que trois ou quatre mots inutiles; je ne veux pas vous les dire aujourd'hui, mais il est bien mal à vous de ne désirer que l'effet de la moitié des promesses que mon amour m'a dictées; elles seront toutes acquittées, mademoiselle, et *très fidèlement;* peut-être cesserez-vous d'en douter quand vous me connaîtrez mieux. Il ne s'agit plus, comme vous le dites, que d'instruire les grands parents, et qui peut le faire mieux que vous? Quelle autre voix serait plus persuasive, et mieux entendue que celle de l'amitié et de la tendresse? Employez donc, je vous en prie, le premier instant que vous trouverez propice, à préparer le cœur de monsieur votre père et de madame votre mère à recevoir la reconnaissance, le respect et la tendresse filiale d'un jeune homme qui désire et espère se faire aimer d'eux comme leur propre enfant : dites-leur bien que je ne veux pas leur enlever une fille, mais leur donner un fils.

Je vois, malheureusement, que Monsieur Corblin vient chercher ma lettre; elle finira donc plus tôt que je ne l'aurais voulu, mais non pas sans vous assurer, avant tout, que vous serez heureuse et contente d'avoir mis votre confiance en moi. Oui, mademoiselle, j'espère nous féliciter tous les jours de notre vie de l'alliance qui nous unira si étroitement. Oui, vous serez heureuse, et bien heureuse, si mon amitié, mes soins et ma tendresse suffisent à votre félicité.

Je vous salue en attendant dimanche avec l'impatience d'un serviteur pressé de vous voir et de vous répéter mille fois qu'il le sera toute sa vie.

Elbeuf, 23 juin.

Je vous verrai donc dimanche; je serai peut-être embarrassé en arrivant, mais ne vous moquez pas de moi. Je n'oserai parler de rien à monsieur votre père; comme je connais un peu le cœur des dames, je serai peut-être plus hardi avec madame votre mère. Au reste, je ferai tout ce que votre amitié me conseillera ce jour-là, comme tous les jours de ma vie.

Mais Mlle Duval est négligente; et M. Dupont ne l'entend pas ainsi : il « connaît un peu le cœur des dames » et le lui fait bien voir.

Querelle d'amoureux.

30 septembre 1786.

Je ne sais comment répondre, ma belle demoiselle, aux choses affectueuses et toutes charmantes que vous me dites depuis quatre jours dans plusieurs lettres que je n'ai pas reçues; car il est probable que vous m'avez écrit et que vos missives sont égarées : vous êtes trop exacte pour y avoir manqué et c'est ce qui me fait croire qu'un mauvais démon a intercepté ces lettres qui m'auraient fait plaisir. Quoi qu'il en soit, je suis furieux contre ce mauvais démon, ou contre vous, qui êtes un ange, et j'ai l'honneur de prévenir ce mauvais ou ce bon ange que je n'écrirai plus une seule ligne à Vraiville si je ne reçois, au plus tôt, des nouvelles de ce que j'aime.

Veuillez donc m'écrire si vous m'aimez et

m'écrire bien tendrement et ne craignez point d'en dire trop à celui qui vous embrasse et veut vous être toute la vie votre ami.

P.-S. — Des baisers, amitiés et respects à qui il appartient.

Ici, une lacune de dix ans, où se placent le mariage, la naissance de deux enfants : Robert, — dit le chevalier des Lions, dit Pompon, — et « la belle » Laure. — La Révolution devient menaçante. Dupont d'Herval, suspect, émigre. Il va chercher fortune en Amérique, — en attendant de pouvoir rentrer en France.

Nouvelles d'Amérique à la citoyenne D. W. R. Dupont Derval, Elbeuf.

La Havane, 28 mai 1796.

Ma bonne chère femme, je te répète ce que je t'ai écrit avant-hier dans une longue lettre, que je me porte très bien, trois fois très bien et que je ne soupire qu'après la paix pour aller enfin t'embrasser ainsi que nos chers enfants; ainsi, tâche qu'elle se fasse bientôt; je vis ici très bien, mais la vie est fort chère......

J'ai écrit avant-hier à ma bonne mère et à ma bonne sœur; embrasse-les pour moi avec tous les nôtres et n'oublie pas Pompon ni la belle Laure. Quel plaisir j'aurai à les revoir! Il n'y a pas de jour que je ne parle d'eux et que je ne dise à tous ceux que je vois qu'ils sont les plus gentils du monde. Embrasse-les pour moi pendant une heure de suite, quand même ils crieraient un peu; embrasse, embrasse mille fois tous nos parents......

Aventures en Amérique

Notre héros mène une vie agitée : il a pris du service dans l'armée espagnole, contre « les orgueilleux Anglais »; les aventures ne manquent pas; il en raconte quelques-unes à sa sœur.

Caraque, terre ferme, 11 mars 1797.

Ma chère bonne sœur, comment te portes-tu? Comment se porte notre bonne mère? Puis-je au moins entretenir l'espérance de la revoir lorsque la paix si longtemps désirée et.... rouvriront la barrière de la France? Ton mari, tes enfants, ma femme et les miens et tous nos chers parents existent-ils? Je l'espère, je le désire, et quoique je sois bien loin de vous tous, vous vivez toujours dans ma mémoire, et je parle souvent de vous, même aux étrangers. Encore aujourd'hui, j'ai eu le plaisir d'en trouver qui, prenant intérêt à ma situation, m'ont parlé de ma chère famille : je ne peux plus finir, quand je commence à parler de toutes les preuves d'attachement que j'en ai reçues et parmi les hommages que je vous rends de loin, je n'oublie jamais le tribut que je dois à la mémoire de notre bon père. — Sans doute il veille encore sur moi, ma bonne amie, et j'ai l'orgueil de croire que, pas à pas, il m'amènera à lui ressembler : c'est là que je borne mon ambition : ce ne peut être que mon père, après Dieu, qui prenne un soin si particulier de mon existence. J'ai échappé à tant de dangers, miraculeusement, que je suis persuadé que le Ciel veut que je vous revoie; ainsi, ne tremble pas pour moi, ma chère sœur, et crois avec moi que nous nous embrasserons bientôt. Oui, nous nous embrasserons et si c'est en présence de notre bonne mère et de tous les nôtres, il n'y aura pas eu de plus heureux jour pour ton frère. Ma santé est parfaite et si j'ai le bonheur de la conserver, tu en seras contente: que ne puis-je être sûr de vous trouver tous aussi bien portant que je le suis !

Ma lettre en est là, ma bonne amie, quand je reçois la tienne du 5 novembre dernier, qui me comble de joie en m'apprenant que tous les êtres pour qui je tremble sans cesse étaient en bonne santé à cette époque. Ainsi, le cercle de mes inquiétudes ne contient plus que quatre mois : c'est aujourd'hui une de mes plus agréables journées, car je viens de recevoir des lettres de tout ce qui me reste d'amis les plus chers : j'en ai perdu deux auxquels j'étais le plus attaché : j'en ai envoyé la triste nouvelle, il y a plusieurs mois, à M. Parfait Grandin; il ne me reste de mes deux bons amis que leurs extraits mortuaires et le souvenir de leur sincère amitié.

Quant à moi, je te répète que je ne me suis jamais mieux porté, en dépit de tous les accidents qui m'ont atteint en vain depuis plus de cinq ans, et qui me donnent la confiance que ma destinée est de revoir mes chers parents : le ciel a éprouvé ma résignation et mon courage, mais il ne veut pas que je succombe, il veut que je vous embrasse tous et c'est ma plus douce consolation.

Dieu a voulu que je fisse naufrage quatre fois; l'avant-dernière fois, j'ai laissé mon superbe vaisseau (l'*Idalia*) dans le gouffre des mers; quand nous n'attendions, depuis quatorze heures, que le moment où il allait s'entr'ouvrir; quand le gouvernail était emporté, un mât cassé, la pompe ensablée, les bordages détachés en grande partie, et qu'il fallait emporter le rocher ou laisser le vaisseau, trois aimables chaloupes, bravant la barre, sont venues nous sauver, en conséquence des coups de canon que j'ai fait tirer toute la nuit et qui ont été le salut de 200 soldats espagnols qui étaient avec moi; le dernier homme était à peine embarqué, quand l'*Idalia* s'est retourné et a disparu avec un pauvre chien, que Sophie plaindra.

Une autre fois, j'ai été arrêté la nuit par quatre vilains voleurs, qui ont ouvert à la fois mes deux portières et qui, la main dans la voiture, m'ont salué à coups de pistolet à bout portant. Mon valet de chambre a eu le bras percé d'un lingot et moi, je me suis réveillé un peu brusquement et très mécontent de tant de nouvelles connaissances. Ces messieurs ont mis l'attention la plus scrupuleuse à visiter mes poches, tandis qu'un des plus civils me tenait le pistolet sur la poitrine : je dis avec raison un des plus civils, car un de ses camarades jurait effroyablement après lui en disant dans son langage : tue-le, tue-le. Il n'en a rien fait et je l'aime tant que si j'avais l'honneur de me retrouver dans sa société, je lui ferais accueil, au lieu que je pendrais l'autre haut et court au besoin; j'avais 150 louis que j'avais attachés, une demi-heure avant, à des cordons qui attachaient ma veste par derrière et je n'ai été débarrassé que d'une vingtaine de louis, y compris cinq paires de bottes que j'avais fait faire pour moi et non pas pour eux, et ma montre que j'ai donnée à mon domestique qui pleurait le vol de la sienne; il avait eu l'attention de cacher ma montre qu'il portait et de laisser voler la sienne. Mon cher voleur, après avoir dit à mon postillon de continuer, avait eu la politesse de revenir sur ses pas, pour fermer la portière qui s'était rouverte. J'avais encore une lieue à faire, que j'ai trouvée un peu longue; enfin, j'ai trouvé une bonne auberge, où j'ai remercié Dieu, bu une bonne bouteille de vin et fait un saut en l'air.

Ces deux petits accidents ne sont rien en comparaison du dernier, qui est incroyable, puisque ce n'est pas moins qu'un coup de canon au travers du corps. Ne t'effraie pas, ma bonne sœur, puisque je me porte bien; j'ai mes deux jambes, mes deux bras, deux grosses joues entrelardées qui annoncent une santé robuste et, par dessus le marché, deux glorieuses cicatrices, par derrière comme par devant. Ne pouvant servir ma patrie en Europe, j'ai pris parti dans les troupes espagnoles contre ces orgueilleux Anglais; j'ai été fait major d'un brave régiment; j'ai eu le bonheur de faire une action éclatante, que tous les papiers publics ont citée avec trop d'éloges, laquelle m'a valu, sous les yeux de mon général, un biscaïen de trois onces de fer et une pension de cent louis, qui va être doublée, à ce que j'espère, avec le grade de lieutenant-colonel. Le général m'a fait transporter, sur une porte, à trois lieues de là, où il est venu me voir tous les jours; on a extrait le biscaïen qui n'avait pas pu percer la dernière peau et je compte en faire cadeau à ma chère femme, comme une preuve de la protection du ciel. Toute l'armée m'a cru mort; mes chirurgiens n'en doutaient pas, et, au bout d'un mois, j'ai galopé à cheval et oncques depuis je n'ai rien senti. Le chirurgien général a dit qu'il n'y concevait rien. A présent, je n'ai plus rien à craindre que les dangers de la mer pour retourner en Europe, où le Gouverneur me renvoie prendre des bains, dont je t'assure, entre nous, que je n'ai nul besoin. Je serai en mai ou juin à Cadix où je te prie de m'écrire toujours à la même adresse, n° 32. — Si tu parles de mes accidents à notre bonne mère, assure-la que je ne me suis jamais mieux porté et tu diras une pure vérité.

Voilà bien assez de récits mélancoliques que je t'ai racontés comme à ma bonne amie, qui s'intéresse sincèrement à moi. Sois bien tranquille; j'attendrai un mois, s'il le faut, pour trouver une occasion armée. Et maintenant, ton frère est sauf, ton frère a une bonne pension qui va être doublée, ton frère est honoré plus qu'il ne lui convient de dire, ton frère emporte l'estime et le regret de braves gens et ton frère a le plaisir de te dire que, quoi qu'il arrive, toi, ni tes enfants, ni les miens n'auront de reproches à me faire et vous serez tous contents de moi.

Adieu, ma bonne chère sœur; je fais des vers plus que jamais, et voici les derniers d'une épître que j'ai envoyée n° 32 — et que j'ai choisis pour mes guides en morale :

Heureux qui peut se dire à son heure suprême :
« Je n'ai jamais perdu l'estime de moi-même. »

Embrasse souvent pour moi notre bonne et chère mère; dis-lui que je serai toujours un fils digne d'elle et que ma plus douce espérance est de l'embrasser cette année. J'embrasse ton mari de tout mon cœur et tes chers enfants. Je prie toujours mon cousin et mes bons parents de me garder leur amitié. Adieu, ma bonne chère sœur, embrasse notre bonne maman pour ton frère.

Quelques années s'écoulent. Le farouche ennemi des Anglais est à Londres, d'où, en bon papa, il écrit à sa fille et à son fils les charmantes lettres qui suivent.

Badinages.

Londres, 14 juin 1802.

C'est bien vrai, ma petite Laure, je ne t'ai pas tenu parole; je ne suis pas venu t'embrasser comme je l'avais annoncé; mais il faut me plaindre et non pas me gronder, car c'est moi qui perds davantage. Ce n'est cependant pas le plaisir qui me retient ici, comme tu le crois : ce sont des affaires qui ne finissent point, et qui m'ennuient. Crois-tu qu'il y ait ici des fêtes plus chères à mon cœur que le bonheur de te serrer dans mes bras, toi et tous les autres objets que j'ai tant de raison d'aimer? Quels charmes si attachants pourrai-je trouver dans les plus brillantes assemblées, quand vous n'y êtes pas? Un opéra, un bal, un grand dîner valent-ils un baiser de ma Laure, un joli petit mot de ton frère ou même un cochon de lait de Vraiville dont j'aurais le plaisir de t'offrir la queue? Va, crois-moi, si je pouvais me promener dans les bois d'Argeronne au milieu des miens, je ne penserais guère à Wauxhall ou au Ranelagh. Oui, j'ai besoin de promener avec vous, de causer, de dilater mon cœur, de jouir enfin de tous les biens qui me restent encore, après avoir perdu mon bon père et la bonne maman de la tienne. Ces deux objets si chers, je ne les reverrai plus; ils manqueront à mes embrassements et à mon bonheur. Dieu l'a voulu ainsi; il nous a redemandés deux bons amis : Remercie-le avec moi, ma Laure, pour ceux qu'il nous a laissés. — J'irai vous revoir bientôt, oui, bientôt, plus tôt que tu ne crois peut-être : garde-toi bien de me faire des révérences, mais saute-moi au cou et tu verras que j'ai toujours le cœur d'un père. Comment pourrais-je oublier mes enfants? Ils ne m'ont jamais donné que du plaisir. Je t'apporterai un boisseau d'aiguilles : tu aimes tant à travailler : c'est ta petite maman qui me l'a écrit. Il ne faut pourtant pas fatiguer tes beaux yeux à force d'ourler ou de broder. A propos, veux-tu me permettre de te faire une question bien innocente? Ce n'est qu'en hésitant que je la risque.... Je t'en fais mes excuses d'avance si elle te blesse..... mais dis-moi,..... là..... entre nous..... dis-moi... as-tu..... pardon!..... as-tu une...... pou... as-tu une poupée?..... Oh! pardon! pardon! miss Laura, je les vois, vos grands yeux presque dédaigneux : vous êtes plus qu'à moitié offensée. Eh bien! efface-la, cette grande injure : tue-le à grands coups de plume, ce mot impertinent : qu'il soit rayé, biffé, bâtonné à jamais et puisque tu es trop demoiselle pour faire des jupons piqués et des bonnets montés à cette jeune personne que je viens d'avoir le malheur de nommer, puis-je espérer que tu emploieras tes doigts mignons à réparer les outrages que mes cravates, etc., ont essuyés depuis plus de dix ans? — Tu as plus d'un talent; tu joins l'agréable à l'utile, car ta maman m'a appris aussi que tu savais faire du bruit sur un forte-piano. Tant mieux. Tu me joueras : « Où peut-on être mieux qu'au sein de sa famille » ou bien peut-être : « Quand le bien-aimé reviendra ». Je te ferai une demi-aune de chansons; tu me les dégoiseras, — et qui sait si ton frère ne sera pas assez aimable pour les accompagner sur son violon. En attendant, en voilà une, que je viens de trouver dans un vieil almanach : elle convient si bien qu'on dirait qu'elle a été jetée au moule pour nous : la voilà : tu en jugeras.

Mais c'est assez chanter : il faut épargner ta voix; qu'elle est rare, si elle ressemble à la mienne! Il faut donc te dire adieu pour quelques jours encore. Ne crois plus que je m'amuse ici et que je vous oublie : je m'y distrais seulement. Ne m'accuse plus, défends-moi contre ceux qui m'accusent, même contre ta petite maman, si.... Dis-lui « all is well, that ends well! » Elle ne comprendra pas, mais elle a des amies à Louviers, qui parlent anglais, et toi, tu iras aussi à Louviers pour savoir ce que cela signifie, et une belle dame te le dira.

Tu diras à tes tantes que je leur conseille de me bien recevoir ou que je les en ferai bientôt repentir à force de bonne amitié : ce sera là ma vengeance.

N'oublie pas d'embrasser ton grand papa et ta grand'maman pour moi et prie-les bien souvent de nous aimer toujours.

Bons conseils à son fils Robert, pensionnaire au Prytanée, à Saint-Cyr.

17 décembre 1802, Londres.

Je te remercie, mon jeune et tendre ami, de la glorieuse nouvelle dont tu m'as régalé le 30 novembre 1802. Tu as donc triomphé de tous tes rivaux dans les jeux olympiques et remporté la palme du vainqueur! Continue à remplir les vœux de tous ceux qui t'aiment et à profiter des bonnes études du Prytanée pour amasser un fonds de connaissances utiles et agréables qui feront un jour le plaisir et peut-être la consolation de ta vie. Nous sommes tous, grands et petits, exposés dans ce bas-monde à tant de vicissitudes de fortune, qui peuvent nous priver de la ressource précaire de nos biens, qu'il est prudent de nous donner une richesse qui ne nous quittera point — et c'est une bonne éducation. Je me félicite de mon retour en

France pour la seule raison de t'avoir placé, ainsi que ta sœur, dans des maisons où il ne tiendra qu'à vous d'acquérir des talents et des sciences; j'y reviendrai bientôt et vos progrès me récompenseront.

Courage donc, *generose puer, sic itur ad astra.* Souviens-toi qu'au collège comme à la guerre, il y a moins d'honneur à conquérir qu'à conserver ses conquêtes. Souviens-toi qu'Annibal perdit le fruit de la victoire de Cannes pour s'être abandonné aux délices de Capoue, et souviens-toi surtout que tes succès feront le bonheur d'un père, qui n'a pas été toujours heureux, et qui a besoin de l'être par toi et avec toi. — Tu sais trop bien employer les heures, pour ne pas savoir toujours l'heure qu'il est, et tu recevras à mon retour cette légère récompense de la satisfaction que tu me donnes. Je t'ai promis une montre en or : tu auras la mienne; elle ne t'en sera pas moins chère, j'espère et il m'en restera une d'argent qui me rappellera que tu as mérité le cadeau de la première. Il me sera fort agréable également de parcourir tes cahiers et d'y distinguer la gradation de tes progrès. Je suis content de l'ordre et des numéros que tu donnes à tes devoirs : l'*ordre* est une vertu; elle est nécessaire et précieuse dans tous les états, dans toutes les circonstances. Si je revenais à tes quinze ans, je lui ferais amende honorable et je m'empresserais de la cultiver sans cesse!......

Amusettes et conseils à sa fille Laure, en pension à Paris.

21 décembre 1802.

Ma bonne petite Laura, j'ai reçu ta bonne petite lettre du 13 frimaire qui m'a paru douce comme du sucre d'orge, et qui m'a fait autant de plaisir que celle que je venais de recevoir de notre glorieux ami du Prytanée. Il a donc enfin dîné avec le maître de la maison, et il a obtenu la double faveur d'un prix honorable et d'un bon repas. — Et toi, ma fille, es-tu dans l'espoir de mériter bientôt une couronne terrestre, en attendant celle qui ne se fanera jamais? Te perfectionnes-tu de plus en plus dans l'art des rigodons et puis-je espérer, que, l'été prochain, je t'entendrai chanter à Vraiville toutes les drôles de chansons que je te ferai, soit sur la mort d'un serin ou la naissance d'un chat? Les succès de ton frère doivent aussi animer ton émulation; mon sort sera digne de l'envie de tous les pères si j'ai le bonheur d'avoir une virtuose pour fille et un docteur pour héritier. La broderie, la peinture t'amusent sans doute beaucoup et je m'en félicite dans l'espoir de me parer bientôt avec les chefs-d'œuvre de ma Laura et de porter, au mois d'août, une veste aurore avec des bouquets mordorés que ta main aura dessinés et brodés; au reste, je te dirai en passant que, de tous les bouquets que tu pourras m'apporter, celui d'un bon cœur me sera le plus précieux. Tu sais comme nous t'aimons tous, à Elbœuf, à Vraiville, à Louviers; tu ne feras pas d'effort pour être reconnaissante, si tu es toujours cette bonne petite fille que j'ai remise avec tant de confiance à Madame Du Bré.

Je voudrais bien t'embrasser le premier de Janvier et j'en conserve encore la douce espérance, mais tu ne me battras pas si je n'arrivais que quelques jours après cette époque de compliments. Tu me souhaiteras aussi bien une bonne année accompagnée de plusieurs autres, ainsi que Pataquès, le cinq du mois comme le premier; je tarde un peu plus que je n'avais dit, mais c'est pour ne pas revenir si tôt. Ce ne sont pas, je t'assure, les miladys anglaises qui me font oublier tous ceux que j'aime en France. A propos de cela, je t'ai dit que ta lettre était bien douce, mais il y a bien quelques petits coups de malice par-ci, par-là. Où l'as-tu donc prise, ta malice? Ce n'est pas de moi, car tout le monde dit que je suis un bien brave homme, une espèce de petit saint précoce. Ne serait-ce point de ta maman que le germe te viendrait? Tu le lui demanderas, si tu l'oses. Pour moi, je ne suis pas assez hardi pour lui faire cette petite question et je te prie de ne pas me compromettre avec elle; quoi qu'il en soit, il faut bien l'aimer, et tâcher de lui plaire en tout; je t'en donnerai bientôt l'exemple et, Dieu nous aidant un peu, nous serons tous contents. Après t'avoir priée encore une fois d'être bien attachée à tous tes bons parents, comme à tes meilleurs amis, permets-moi de te recommander un cœur et une tête droits, une âme et des mains blanches, un esprit et des pieds bien tournés, et, pour adieu, ma gentille Laura, je t'embrasse, dans la rue de Tichfield, comme dans celle de Vaugirard, de tout mon cœur à moi.

Leçon de poésie à son fils Robert, dit Pompon, pensionnaire au Prytanée, à Saint-Cyr.

1803.

Mon cher petit ami, tu avais bien raison de penser que ta lettre me ferait un grand plaisir : elle en a fait à beaucoup d'autres à qui j'en ai donné lecture et je puis t'assurer que tout Elbœuf est fort content de toi : ainsi tu pourras t'y présenter en sûreté au mois d'août prochain,

Cum Sirius ardens
Torret agros,

et tu seras bien reçu.

J'ai beaucoup aimé tes vers et j'en ai été si content que je prendrai la liberté de te communiquer mes doutes sur certaines expressions, dûsses-tu dire que

La critique est aisée et l'art est difficile.

Par exemple, ton « *ah!* » n'est-il pas ce que nous nommons, nous autres rimeurs, une cheville?

On ne peut pas dire « *un sanglant courage* »; on dit : *sanglante épée, lauriers sanglants, mains sanglantes*, mais cette épithète ne peut appartenir à des choses non matérielles, quand même tu les personnifierais. On ne dit point : *sanglante colère*, ni *sanglante ardeur*, ni *sanglant courage*. On dit cependant, contre mon précepte, *bataille sanglante*.

La gradation est mal exécutée dans ce vers :

Sème partout l'effroi, la mort et le carnage.

Le *carnage* devait aller avant la *mort*, mais, hélas! la rime ne s'y fût pas trouvée.

Je ne suis pas épris des « *simples charmes* » mais j'aime de tout mon cœur

... Ces sources fugitives
Dont Neptune, en jouant, vient caresser les rives.

Bravo! Bravo!

Je ne suis pas idolâtre de ton « *paisible silence* »; il me semble qu'il n'y en a pas de *bruyant;* en revanche, je prise beaucoup :

Qui frappe, entr'ouvre, abat de superbes remparts.

Je ne suis pas sévère dans ma critique; je ne te donne que ma très humble opinion, et puis, je vais te donner l'occasion de la vengeance, toujours douce au chevalier des Lions.

Ne pouvant dormir ce matin, j'ai relu ta matière et j'ai accouché de la tirade suivante, que j'abandonne à ta censure.

Que l'amant de Bellone, aux champs de la Victoire,
Chante un héros farouche, enivré de la gloire;
Qu'il célèbre à son gré de barbares guerriers,
Leurs mains teintes de sang, leurs fronts ceints de [lauriers,
Sur les clairons de Mars qu'il sonne les alarmes,
Qu'il déchire les airs du bruit affreux des armes
Du choc des escadrons et des hennissements
Des coursiers irrités, furieux, écumants;
Qu'il les fasse jaillir de leur bouche enflammée
Des flots épais de sang, des torrents de fumée;
Qu'il offre à nos regards les blessés expirants,
Succombant sans secours sous des coups déchirants;
Qu'il allume l'airain qui va réduire en poudre
Les remparts et les tours que respecta la foudre;
Pour moi, toujours épris des innocents attraits
Qu'expose la nature à mes yeux satisfaits,
Je chante, loin des camps, sur mes pipeaux agrestes
Les trésors, les plaisirs et les beautés modestes;
Je chante au fond des bois, des bois que je chéris
Et leurs vallons déserts et leurs coteaux fleuris,
Des moissons de Cérès les touffes ondoyantes,
Des vergers odorants les tiges verdoyantes,
Le déclin d'un beau jour qui va s'évanouir,
Et qui semble nous dire : Hâtez-vous de jouir!
Les agneaux bondissants qu'à travers les prairies
La pensive Phillis ramène aux bergeries

Et les couples heureux qui dansent sous l'ormeau,
Et Lycisque qui veille au repos du hameau,
Du hameau qui s'endort dans une paix profonde,
Doux et touchant tableau de l'enfance du monde!

Corrige à ton tour et dis-moi si tu crois que j'aurais été des vingt premiers.

Je vais demain à Paris où je te prie de m'adresser mes lettres, et de là j'irai, vers le 29 ventôse, te porter un petit écu que tu partageras avec Sainte-Marie que j'embrasse. Ta maman et tous tes parents et amis te remercient de ton souvenir et de ce que tu es le second. Pense à Jules César qui aimait mieux être le premier dans son village que le second dans Rome; au reste, nous sommes tous très contents de toi; et surtout, porte-toi bien; grandis en taille comme en science et pense à l'avenir.

Mme de Lacroix a reçu ta lettre, dont elle est enchantée et qu'elle fait lire à deux sols par tête.

Ecris à tes parents et amis quand tu as le temps; tu auras le plaisir de leur faire plaisir.

Garde tes grandes colères en réserve contre les ennemis de ton pays et prie toujours l'ami Sainte-Marie de t'échiner quand tu te fâches tout de bon pour des plaisanteries.

Nous vous embrassons encore tous deux et puis, adieu, l'ami.

Plaisant sermon à son fils Robert, à Saint-Cyr.

Elbeuf, 4 mars 1803.

Mon cher Prytanéien héros, que vas-tu penser et dire quand tu sauras qu'au moment où tu m'écrivais ta dernière du 3 ventôse, j'étais encore enchaîné par mes affaires dans ce triste Paris et que je n'ai pu arriver ici qu'avant-hier? Je n'ai donc pas pu répondre plus tôt à ta chère épître et me voilà excusé.

J'ai été bien aise d'apprendre que tu étais arrivé sans mésaventure dans ton heureux asile et que tu y jouissais de cette bonne santé, qui est fille de la sobriété et d'un bon sommeil. La pauvre Laura n'a pas été si fortunée que toi; cette chère amie a été obligée de quitter encore sa retraite dès le samedi et de passer les trois jours gras à regarder de vilains masques; sois assuré que, sans doute, elle enviait ton sort et tes jouissances innocentes. Les contrariétés n'ont pas fini là puisque j'ai eu la cruauté de l'emprunter à Mme Ratier, le mercredi des Cendres, et de la conduire, après dîner, avec ses deux jeunes amies, voir cet ennuyeux Pataquès, qui la faisait rire malgré elle avec son âne rouge. Le jeudi, elle s'est reposée et ce n'a été que le vendredi qu'elle a revu sa chère maman Sophie et qu'elle a été rendue à sa tranquillité. Je croyais jusqu'ici qu'elle était une bonne sœur pour toi; mais comment puis-je le penser, après l'avoir entendue désirer maintes fois que tu partages avec elle la turbulence et la fatigue des derniers jours du Carnaval. Oui, mon ami, elle était assez barbare pour dire: « Il ne nous manque que Pompon et Sainte-Marie! » Heureusement, ton bon papa savait que tu aimais mieux te livrer aux doux plaisirs de l'étude, et il n'a ni voulu, ni osé te distraire. Quand on peut, comme toi, converser avec Quintilien, on méprise Jocrisse et l'ami d'Horace ne peut l'être de Cadet Roussel. Jouis donc bien de ton bonheur parfait, savoure-le tout à ton aise et crois que je t'aime trop pour t'en priver, même pendant ce temps de trouble et d'agitation qu'on appelle les vacances, si tu veux les passer en contemplation dans ton saint cloître.

A propos de cloître, prends soin du domino et du masque qu'on t'a prêtés pour faire peur aux revenants de tes greniers; mets aussi de côté cravates et mouchoirs et autres choses peut-être à toi prêtées dans l'heure de la nécessité. Il faut être exact à rendre, même les plus petits objets. J'ai prêté vingt mouchoirs et cent livres qu'on ne m'a jamais rendus; moi, je rends toujours et je te prie d'en faire autant : l'exactitude est une si bonne qualité qu'elle est presque une vertu. Je ne peux pas t'en louer depuis que j'ai vu, dans une lettre que tu écrivais, il y a six semaines, que tu disais : sois sûr que j'écrirai sous quinze jours à Mme Delacroix; cependant tu n'en as rien fait; il ne faut pas promettre ce qu'on ne peut tenir. Tu me diras peut-être : mais tu ne reviens jamais aussi tôt que tu le promets. Tu auras presque raison et je me blâme si fort que je veux aussi me corriger. — Écris aussi à ta bonne maman Dupont et à ton papa Duval; tu leur feras plaisir : c'est assez t'en dire; remercie-les des sommes d'argent qu'ils t'ont envoyées pour ton portier.

Ton bon ami le cousin Mathieu serait fort aise aussi d'avoir une lettre de ta main blanche (si j'ose m'exprimer ainsi). Fais-lui cette faveur dans cet asile militaire qui convient au preux Chevalier des Lions; tu feras très bien, en effet, d'être un preux, pour soutenir les querelles auxquelles tu dois t'attendre à peu près tous les jours de ta vie, si tu continues à te livrer à cette passion, sœur de la folie, qu'on nomme la colère. Tu t'impatientes au moins trois fois par jour, ce qui fait 1.095 fois par année. Je suppose que chaque cinquantaine d'impatiences t'attire une querelle : cela fera environ 22 querelles dans les douze mois, et si tu mets 20 ans à te refroidir, tu auras eu 440 querelles, si Dieu te prête vie! Puisse-t-il t'avoir en sa sainte garde! Tu ne trouveras pas toujours des gens indulgents comme le cher Sainte-Marie, qui pourrait te rosser 1.095 fois par an, si son bon cœur ne lui liait pas les deux poings. J'irai te voir à mon retour, mais si j'entends encore ces mots odieux : menteur, fourbe, hypocrite et autres injures, je me bornerai à t'écrire et tu verras alors combien je suis exact à ma parole. Nous n'avons tous qu'une peur, c'est que tu ne sois d'un caractère trop peu souple. Tu reviendras, j'espère, pour nous détromper et nous tranquilliser. Quant à moi, ainsi que je t'ai écrit il y a longtemps, j'aime mieux te voir ignorant et modeste que savant et vain. Apprends de bonne heure à te gouverner et à te maîtriser : tu verras combien je serai ton ami tout le reste de ma vie. Figure-toi que tu as déjà vécu en moi et que le bon Dieu t'a accordé une nouvelle vie, pour profiter de l'expérience : je l'ai acquise, sers-t'en et tu seras plus heureux que moi. Le vrai bonheur n'est pas de surpasser tous les autres, mais d'être aimé de tous les autres. Je veux bientôt consacrer tout mon temps et employer tous mes moyens pour ton avancement : aide-moi de toutes tes forces. — Lis beaucoup et fais mieux que je n'ai fait : écris toutes les pensées qui te frappent dans un livre que tu achèteras exprès, quand ce ne serait que quatre lignes par jour : c'est le moyen de les retenir et de te meubler la tête. Ces idées germeront dans ton cerveau et elles en produiront mille autres.

Ta maman, qui t'aime comme une bonne maman, ratifie ma lettre et t'embrasse de tout cœur ainsi que moi. Adieu.

Le chevalier Dupont d'Herval est enfin rentré en France définitivement. Il est au service de l'Empereur, est affecté à l'Etat-Major; il fait partie de la Grande Armée qui se rassemble au camp de Boulogne; est très affairé; mais, en bon oncle, « s'occupe » de son jeune neveu, qui veut être officier. Il le « recommande » en haut lieu, et ne le laisse pas ignorer à la maman ambitieuse; dans les lettres qui suivent, nous discernons le brouhaha causé par le rassemblement de la Grande Armée, les intrigues et les mécomptes individuels, le tout dominé par la foi illimitée en l'Empereur.

Nous laissons entièrement la parole à notre héros, dont les lettres sont assez suivies pour pouvoir se passer maintenant de tout commentaire.

Vers Albion. — A sa belle-sœur.

Au quartier général de Saint-Omer,
15 germinal an 12.

J'ai remis, Madame et chère belle-sœur, à votre cher et brave fils la lettre que vous m'avez adressée pour lui, à laquelle il m'a dit avoir déjà répondu.

Vous serez sans doute bien aise d'apprendre qu'il est également aimé de ceux qui le commandent et de ceux qui sont sous ses ordres. Je l'ai engagé à dîner, il y a deux jours, avec ses officiers et ceux du Grand Etat-Major, et il a été accueilli comme un camarade, ainsi qu'il a le droit de l'être.

Il manque un capitaine dans nos guides; si on donne cette place au premier lieutenant, alors tous les officiers monteront d'un rang et il y aura une place vacante. Si Frigard ne l'obtient pas, ce ne sera pas de ma faute; je vous assure que je m'y emploierai de mon mieux et que j'y emploierai les personnes que je connais, susceptibles de nous servir.

Je vous prie d'engager votre cher fils, quand vous lui écrirez, à se livrer entièrement à l'étude de la langue anglaise, car c'est sur ce point qu'on l'examinera avant de le faire officier : il est clair que pour interpréter une langue il faut la savoir.

M. Frigard doit être content de son fils et je prédis qu'il le sera davantage par la suite. Nous irons en Angleterre et nous nous y comporterons si bien que Bonaparte aimera ses compagnons d'Angleterre comme il aime ses compagnons d'Italie et d'Egypte. Votre fils pourra alors faire un beau chemin, s'il s'applique à acquérir parfaitement la connaissance de son métier dans les plus petits détails comme dans les manœuvres.

Je vous avertis qu'il n'y a pas le moindre risque pour lui. Nos chaloupes canonnières crèveront le ventre des frégates anglaises avec leurs gros boulets; elles fuiront devant les guides interprètes du premier Consul, et quand nous approcherons de la terre anglaise, nous aurons trois à quatre mille bateaux qui tonneront contre le rivage et le nettoieront. Nous sauterons à terre; nous gagnerons la première bataille, et l'Angleterre se soumettra et le maire de Londres en apportera les clefs. Voilà la descente faite et Frigard reviendra avec moi manger des canards à Vraiville : vous verrez un jour que je lis dans l'avenir.

En attendant, jouissez du présent; jouez à la bouillotte, faites des parties de bateau sur l'Eure et ne vous inquiétez pas de ceux qui vont en faire sur l'Océan. Nous sommes prêts; nous n'attendons que le signal et, peut-être, notre première lettre sera datée du département de Middlessex.

Je me rappelle au souvenir de M. Frigard, j'embrasse Sainte-Marie et je vous adresse tous les vœux du meilleur de tous les beaux-frères.

P.-S. — Voulez-vous dire à Ancel que je l'attends avec une poularde, si sa femme le permet. Je l'embrasse pour l'y décider : elle m'aime tant, depuis que j'ai perdu la gourmette de son cheval!

Quand vous irez à Vraiville, voulez-vous embrasser votre papa pour moi? J'ai écrit hier à mon honorée femme et à ma bonne Laura. J'irai peut-être à Louviers dans quinze jours, si nous ne partons pas pour Albion.

Préparatifs de départ.

8 ventôse an 13.

Madame et chère belle-sœur,

J'espère que vous serez contente de voir votre cher fils; il a tant envie de vous embrasser encore, avant d'aller à la guerre, qu'il n'allonge son chemin que de 30 lieues pour avoir ce plaisir-là. Je vous prie de ne le garder que deux grands jours : il est de son intérêt d'arriver bien vite à Saint-Omer.

Et puis encore, puis-je vous prier de le prier de se jeter à corps perdu dans la langue anglaise? C'est un point important pour lui, afin de devenir officier. Vous pouvez juger qu'un interprète de la langue anglaise doit savoir l'anglais. Je suis d'autant plus aise de l'avoir placé dans le corps où il est qu'il sera, comme moi, attaché à l'état-major et que je ne le perdrai pas de vue.

Vous nous verrez revenir bientôt, pleins de santé et de gloire et tout le monde sera content, j'espère.

Je pars samedi au plus tard pour Saint-Omer, où je voudrais bien trouver mon neveu. J'ai le regret de ne pouvoir absolument aller en Normandie : il est donc plus heureux que moi.

Je vous salue de tout mon cœur.

La recommandation.

A son neveu Pierre Frigard, à Louviers.

Paris, 12 frimaire an 13.

Mon cher neveu, envoie-moi par le retour du courrier, sans faute, l'état de tes services dans le 9ᵉ, 3ᵉ et 15ᵉ dragons, et même le détail du temps que tu as passé appartenant à la fois à deux régiments, parce que j'irai voir tes trois colonels et leur ferai signer trois certificats pour toi que je donnerai au ministre, qui me les a demandés. — Je crois que cette demande est d'un bon augure pour toi, je m'attends à recevoir le détail mercredi. Je ferai signer les certificats jeudi; le même jour, je tâcherai de voir le ministre à son cercle et je me rendrai à la fin de la semaine à Elbeuf ou Vraiville ou Louviers. Je compte y être dimanche, par diligence, si rien ne m'arrête malgré moi.

Adieu, porte-toi bien et embrasse les tiens pour moi.

Il faut partir. — A son neveu Pierre Frigard.

Paris, 19 frimaire an 13.

Mon cher Frigard,

Je suis fâché de te dire qu'il est nécessaire que tu ne sois pas absent du corps pour le rapport du 30 courant, vu que le colonel Vallongue sait, par le rapport de M. Frémault, que tu es absent seulement par ma permission et je serais fort compromis si le colonel Vallongue en faisait le rapport au Ministre. Ton absence pourrait aussi te faire tort et reculer ta nomination à une sous-lieutenance que le Ministre m'a promise encore vendredi. Aussi, il faudra te résigner et partir au commencement de la semaine prochaine : tu auras tété un mois et cela t'aura bien fait. Je te verrai à la fin de cette semaine, car les fêtes qui ont été retardées ont aussi retardé mon départ pour la Normandie.

Adieu, embrasse tes parents pour moi et crois moi toujours tout à toi.

On est parti. — A son neveu Pierre Frigard.

Mantes, 21 mai 1806.

Je n'ai que le temps de te dire que je viens d'arriver à Mantes et que je pars à l'instant pour

Beauvais. Toute la compagnie est partie dans la nuit du 19 au 20, avec tous les chevaux, et ceux qui, comme moi, ne logeaient pas au quartier, en arrivant le matin, n'ont plus trouvé personne, et nous ne savions de quel côté marcher. — Nos chevaux sont partis avec les escadrons et nous courons après. — Je voyage avec quelques-uns de mes camarades. Nous espérons retrouver notre monde ce soir. Nous rencontrons beaucoup de chevau-légers, gendarmes, etc., qui courent de côté et d'autre, sans savoir où aller. Il y a eu quelque gabegie que nous ne connaissons pas, mais la trahison est à l'ordre du jour.

Adieu, je t'embrasse, je te donnerai de mes nouvelles le plus tôt que je pourrai.

Rendez-vous. — A son neveu Pierre Frigard.

Paris, lundi 6 octobre 1806.

Mon cher Frigard, je suis ici avec Flavigny; nous allons nous rendre à la Grande Armée; je serais bien aise de te voir avant mon départ. Si tu peux venir dîner avec moi demain ou après-demain, tu me trouveras à l'hôtel de la Côte-d'Or, rue de Marivaux, Théâtre Italien, et nous parlerons de tes batailles et du toupet que tu as perdu à la guerre.

Laure va se marier. Adieu, je t'embrasse de tout mon cœur.

La robe de noce. — A sa fille.

Paris, 12 octobre 1806.

Ma chère Laure, tu es cause que je ne t'ai pas écrit plus tôt, parce que tu m'as demandé une chanson, que je voulais t'envoyer et dont je n'ai pu encore m'occuper : le jour, je cours Paris et, la nuit, je dors. — Mais, je monte en voiture et je vais faire ce que tu désires et, à chaque tour de roue, je te ferai un vers. Je t'enverrai ta chanson de Metz où je serai dans 36 heures. — As-tu reçu ta robe par M. Albert Godet? Te plaît-elle? On n'a voulu m'en donner que 7 mètres pour éviter une fausse coupe. Il en reste 6 m. 3/4 chez MM. Carpentier et Fleury, marchands de soie, rue Saint-Denis, près celle du Petit-Lion. Si tu trouvais une petite dame qui les voulût prendre, tu pourrais t'arranger s'il t'en manquait; mais on m'a dit que tu en aurais assez, parce que cette robe devait être garnie en crêpe : tu sais tout cela mieux que moi.

Adieu. Sois contente, sois heureuse, aime-moi de ton mieux et tu verras que je serai toute ma vie ton bon père.

Ecris-moi à Mayence, poste restante, quand tu en auras le temps.

Mon cher futur gendre, voulez-vous remettre l'autre page à Laure, l'embrasser pour moi, vous dépêcher de la rendre heureuse et me croire pour la vie tout à vous.

Histoires de mangeaille, de guerre et de poésie. A sa fille.

Kazimiers, en Grande Pologne,
12 novembre 1806.

Ma chère Laure, j'aime à penser que cette lettre te trouvera Madame Louis Maille et je suis sûr que tu en es bien aise; et moi aussi, je m'en réjouis : ainsi tout le monde est content. Si je t'ai fait attendre ce bonheur quelques mois, je t'en fais mes excuses et je ne le ferai plus. — Si ta robe n'a pas une longue queue, ce n'est pas ma faute : il n'est resté que 6 m. 3/4 au coupon et le marchand a cru beaucoup faire en me donnant l'aunage que je t'ai envoyé. Il m'a assuré que tu en aurais assez, parce qu'on garnissait ces robes-là avec de l'indienne, ou de la gaze, je ne me souviens pas trop quoi. — Je t'envoie de la Grande Pologne le bout de chanson que je t'ai promise pour dot, en attendant mieux. Je voudrais l'accompagner de cent mille écus, s'ils pouvaient te rendre plus heureuse encore que tu dois l'être en ce moment; mais je ne les ai pas et je n'ai pas, jusqu'ici, déniché de trésor en ce pays. Je n'ai encore conquis que de grandes pantoufles fourrées, qui me font bien, parce que mes bottes entrent dedans. Si je rencontre une vieille veuve polonaise ou russe qui m'enrichisse, tu y auras part.

En attendant, je cours le monde et nous triomphons comme les autres voyagent, en poste. — Croirais-tu que nos avant-postes sont depuis longtemps à Dantzig et à Thorn, c'est-à-dire entre quatre et cinq cents lieues d'Elbeuf-sur-Seine? Le roi de Prusse ne s'attendait pas à cela, il y a un mois, n'est-ce pas? Il a voulu nous faire la guerre; il paraît que ses généraux, comme ses conseillers, ont perdu la tête, puisqu'ils se sont tous laissé battre et prendre comme des nigauds; ils ont fui devant nous comme la poussière vole devant le vent, sur le cours d'Elbeuf. Le pire est que beaucoup d'honnêtes bourgeois prussiens en sont les victimes, car, comme tu le sais très bien :

Quidquid delirant reges, plectantur Achivi.

Beaucoup de gens ont vu enfoncer leurs caves et vider leurs greniers, et ont encore entendu de mauvais propos, et senti quelque chose de plus lourd, qui n'avaient pas désiré la guerre. Je connais des gens à Elbeuf et dans les campagnes circonvoisines, qui n'aimeraient pas qu'on nettoyât leurs greniers ou leurs caves si proprement. Quant à moi, mes mains sont pures, comme mon cœur est innocent; et la beauté timide, comme l'opulent Meinherr, n'ont pas à se plaindre de ton père; et, si la modestie ne séchait pas l'encre de ma plume, je te dirais au contraire que j'ai fait de bonnes actions, que j'ai chassé les maraudeurs du village de Bucholtz, que j'ai fait rendre une vache à une pauvre femme en pleurs et que j'ai aussi fait rendre à la mère de ma belle hôtesse à Berlin les cotillons que des pillards lui enlevaient, mais je ne veux pas te dire tout cela parce que ma modestie en souffre. Au moins, tu seras bien aise d'apprendre que je me porte bien, quoique je ne dîne pas tous les jours si bien que toi, depuis que je vais en avant de Berlin. Je n'aime pas le pain noir avec idolâtrie et on m'en sert souvent. Hier, on m'en servit à déjeuner avec un morceau de fromage ambulant, et des oignons marinés, qui faisaient envie. Je jetai le tout par la fenêtre, à la grande surprise du Landsmann (de mon hôte) et je déjeunai comme tu sais ton *Pater*, par cœur, mais non pas sans maugréer dans trois ou quatre langues. Je m'en vengeai à Sikrakof à la dînée, et tu sauras comme, si tu veux me promettre le secret.

En entrant dans la ville, je lus sur une porte : « Logement du général de division *** ». Comme je l'avais laissé derrière et que je savais qu'il ne pouvait arriver que le soir, j'entre avec deux amis et mon train dans la maison et on m'accueille comme le général attendu. La dame de la maison, qui est jolie (avant de parler, attendu qu'elle n'a que quatre dents couleur caca dauphin, — il est vrai qu'elles sont assez larges pour en faire huit ou dix), cette dame, donc, me conduit dans le plus bel appartement. Je me laisse asseoir sur un canapé ponceau, à ramages vert-pré; on approche une table chargée de café, de chocolat et de pipes, en attendant le dîner qui a été excellent. On nous a donné du vin du Rhin et une demi-bouteille de Tokay. On a mis quatre chevaux sur ma voiture, pour soulager les miens pendant dix lieues. Nous avons salué avec dignité et nous voilà partis en étouffant de rire. Le vrai général a dû arriver peu après; on l'aura pris pour un imposteur, il aura peut-être rossé le Landsmann.... Pour moi, je n'aurai de bonheur que quand je retrouverai ce général, qui est un galant homme, pour le lui confesser — et savoir le reste de l'histoire, et je ne manquerai pas de t'en faire part.

Je t'en dirais bien encore une autre, advenue à Custrin, mais je veux aussi écrire à ton mari et je n'aurais plus de place.

Adieu, Laura, porte-toi toujours comme une merveille; sois toujours contente et heureuse et souviens-toi qu'après avoir badiné dans ma lettre, je la finis en te disant bien sérieusement que le vrai contentement naît de l'observance de tous nos devoirs et qu'il n'y a de plaisir durable que dans la paix du cœur. *Amen.*

Adieu encore. Je t'envoïe douze baisers polonais contre les douze baisers normands que ta lettre m'a apportés à Berlin, et je te serre dans mes bras de tout mon cœur, et c'est un bon cœur pour toi.

Dupont Derval.

Colonel attaché au Grand Etat-Major général du prince Ministre de la Guerre à la Grande-Armée.

N'oublie pas de présenter mon respect à Mme Maille, à M. Graudin, à tes deux aimables belles-sœurs et d'embrasser ta bonne maman Dupont et ta bonne tante Flavigny pour moi, quand tu les verras. Si ton papa Duval paraît d'humeur à agréer mon respect, je le lui offre de bon cœur, car je n'ai pas oublié ses bontés passées. Adieu, Madame Maille!

Puisque je dois à ma Laure le plaisir de voir en vous mon fils et de prononcer encore un nom qui m'a été si doux, je vous dirai, mon cher fils, que j'éprouve un grand plaisir à penser que vous êtes tous heureux, puisque je ne puis être le témoin de votre satisfaction. Soyez-le bien longtemps et mon plus doux vœu sera rempli.

C'est avec confiance que j'ai remis dans vos mains le seul bien qui me restait, et je me félicite de l'heureux choix que ma fille a fait. C'est une consolation, dans la carrière que je parcours, de la savoir livrée à un galant homme, et c'est ce qui m'a décidé de venir de Boulogne à Berlin par Elbeuf, afin que si un malheureux coup me retranchait du nombre des vivants, vous n'eussiez point raison d'être consolés de ma disparition. Jusqu'à présent, je me porte fort bien et je dors peut-être mieux que vous ne faites dans votre beau lit, quoique je n'aie quelquefois que la botte de paille. Je voudrais être sûr d'en avoir jusqu'à Pétersbourg, où nous allons grand train à travers Varsovie, où nous sommes attendus. Les Polonais arrivent en foule vers nous. Vingt mille sont déjà armés à Posen, à une journée d'ici. L'Empereur doit y être sous deux jours, et je crois bien que nous en partirons aussitôt.

J'apprends que le roi de Prusse sollicite vivement la paix; il ne demande qu'à se rendre auprès de l'Empereur, qui pourra bien la lui accorder, mais qui n'en suivra pas moins son plan sur la Pologne. Les débris de l'armée prussienne viennent de se rendre aux armes françaises sur les bords de la Baltique, au nombre de vingt mille hommes.

Je remercie Delacroix de s'être ressouvenu de moi et d'avoir bu avec vous le vrai verre de cruelle à ma santé. Je lui écrirai de Varsovie où nous devons être dans dix jours. Nous avons déjà des partis sur la Vistule. Adieu, portez-vous bien; embrassez tendrement Laure pour moi, et si elle vous demande trop de robes et de bonnets montés pour se parer, dites-lui qu'elle est assez jolie pour se passer de parure et donnez-lui un doux baiser au lieu d'une robe et elle y gagnera encore.

Je vous souhaite toute espèce de bonheur et vous embrasse de tout mon cœur.

Pot pourri

Sur des airs nouveaux, trouvés en Pologne, pour être chantés à Mme Louis Maille par sa chère Euphrasie.

Air du *Pauvre Jacques.*

Jeune Laure, c'en est donc fait
Et dans ta dix-septième année
Tu sus franchir d'un regard satisfait
Le seuil du temple d'hyménée
Eh oui, mais da.
Et de mademoiselle
Perdant le triste nom,
De ton amant fidèle
Tu fais ton compagnon
Eh oui, mais da, etc.

Air : *Triste raison.*

Mais d'un ami battu par la fortune
Veux-tu ma Laure entendre la leçon
Leçon d'un père est souvent importune
Pour l'adoucir je la mets en chanson

Air : *Avec les jeux dans le village.*

Du tendre amour l'antique empire
Est semblable au vaste Océan
Où règne tantôt le zéphyre
Et tantôt le noir ouragan
Moi-même surpris par l'orage
Malgré mon art et mon effort
Sur cette mer j'ai fait naufrage
Quand je croyais toucher au port. (*bis*)

Air : *Te bien aimer, ô ma tendre Zélie.*

Mais toi veux-tu voguer en assurance ?
Si tu voyais le rocher de l'écueil
Jette d'abord l'ancre de patience
Ne tends jamais la voile de l'orgueil.

Air : *Vivent les fillettes.*

Quand l'amour fait taire
L'aquilon bruyant
Alors vers la terre
Louvoye en riant.
Au dieu de Cythère
Bien loin de bouder
Au port de sa mère
Viens vite aborder.

Air : *Je suis Lindor.*

Tous les moments qu'on donne à la rancune
Sont un larcin que l'on fait au bonheur.
A résister quand on met son honneur
Des deux côtés la souffrance est commune.

Air : *Du serin qui te fait envie.*

Et toi qui doubles ma famille
Toi qui m'a promis sur ta foi
Qu'au lieu d'avoir perdu ma fille
Je trouverais un fils en toi
Un jour tu connaîtras j'espère
Qu'en avançant vers nos vieux ans
Il n'est point de sort plus prospère
Que d'être aimé de nos enfants.

Air : *Charmante Gabrielle.*

Sur l'aile fugitive
Des ris et des amours
Notre imprudence arrive
Au terme des beaux jours
Voulons-nous pour vieillesse
    Garder bonheur
Gardons pendant jeunesse
    La paix du cœur.

Air : *Lise chantait dans la prairie.*

Mon cher Louis que de ta vie
Laure embellisse chaque instant.
Que de la paix toujours suivie
Elle te trouve aussi constant !
Mais au lieu de la chansonnette
Dont ma muse accouche en trottant (*)
Redis plutôt sur ta musette
Le couplet (*bis*) qu'aimera Laurette.

Air : *Monsieur l'abbé, où allez-vous?*

Adieu tous deux, vivez heureux
Et si des dépits amoureux
    Le lutin vous visite
        Eh bien
    Faites la paix bien vite
    Et vous m'entendez bien.
        Amen.

(*) C'est en traversant, en effet, à cheval une forêt de sapins que j'ai enfanté, ma chère Laure, cette rhapsodie, que je ne t'enverrais pas si je n'avais pas plus envie de te montrer ma complaisance que je n'ai d'amour-propre. Je suis trop vieux et trop cassé, à présent, pour faire des épithalames et pour avoir aucun commerce avec les Muses, qui, tout chastes qu'elles sont, préfèrent les jeunes gens aux vieux.

Mais puisque tu veux une chanson de moi, je t'en envoie une que j'ai faite il y a dix ans, quand j'étais encore vert, et qui est la moins bête de ses mille et une sœurs. Un savant compositeur l'avait notée, mais je n'ai pas pensé à apporter cette musique en Russie. Tu la chanteras, si tu veux, sur l'air : *Te bien aimer, ô ma tendre Zélie*, qui est trop doux pour le style de la chanson. Adieu, je t'embrasse encore une fois, par échappée.

HYMNE A L'AMOUR

Je te salue, ô maître que j'adore.
Depuis vingt ans j'offris sur tes autels
Ce même encens que je t'apporte encore,
Comme au plus grand de tous les immortels.

C'est toi qui rends la vie à tous les mondes
De la nature heureux réparateur
Les champs de l'air et la terre et les ondes
De l'univers te proclament l'auteur.

L'aigle qui plane au séjour du tonnerre,
L'effroi des mers, l'affreux Léviathan,
Le vermisseau qui rampe sur la terre
Se confondraient sans toi dans le néant.

L'homme sans toi, de cent fléaux victime,
Disparaîtrait dans l'éternelle nuit;
L'homme mortel mais que ton feu ranime
Créé par toi se reproduit.

Tu fais bien plus amour, tu le consoles,
Le malheureux, dans ses vœux superflus,
N'adresse aux Dieux que des plaintes frivoles,
Mais tu parais et la Douleur n'est plus.

Sus aux Russes! — A sa fille.

Varsovie, 24 décembre 1806.

Je profite d'un moment, ma bonne Laure, pour te dire que j'ai reçu ta lettre et celle de ton cher mari; que je t'ai écrit, je crois, de Custrin; que je t'ai envoyé au moins douze couplets en pot-pourri et que je te souhaite contentement, santé et prospérité, ainsi qu'à ton Louis, pendant une longue suite d'années. Sois heureuse, danse et fais l'amour. Moi, je pars à l'instant pour joindre l'Empereur au delà du Bug. Je vais attaquer les Russes, c'est-à-dire les battre, s'ils ne se sauvent pas à toutes jambes. Je leur ai déjà pris un officier et vingt-cinq cosaques qui fourrageaient et ne me croyaient pas si près. J'espère qu'avant la fin de l'année nous les aurons exterminés dans une grande bataille. Ils nous font la guerre en brutes et en sauvages, mais ils jouissent de leur reste.

Adieu, ma bonne Laura, pense que je t'aime de tout mon cœur et que je te serrerai avec plaisir dans mes bras avant l'été, car nous allons signer la paix dans Pétersbourg, cet hiver.

Embrasse ton cher époux; présente mes respects aux tiens, en commençant par Mme Maille et M. Graudin, et crois-moi ton bon père bien content de t'avoir rendue heureuse avant de partir. Je t'embrasse encore bien tendrement.

Adresse toujours tes lettres au grand quartier général de l'état-major général. Je suis nommé gouverneur de la province de Posnanie, mais cela ne m'empêche pas de suivre l'Empereur à la guerre. Dès que nous aurons vaincu, je te l'écrirai.

Nommé gouverneur. — A sa fille.

(Fragment)

. . . .

Je te quitte pour partir pour Gratz, où je vais commander la ville et la province. Que n'es-tu avec moi! Tu m'aiderais à faire les honneurs. C'est une noble charge que l'Empereur vient de me donner. Gratz est la première ville du pays après Vienne. Il y a aussi une forteresse qui sera imprenable, si la guerre recommence : souviens-toi que je te l'ai dit. Adieu, ma chère fille; je t'aime de tout mon cœur et t'embrasse avec ton mari.

D. D.

Gouverneur de la province de Gratz,
Gratz en Styrie.

Faim et tactique. — A sa fille.

GRANDE ARMÉE

N° .....

ÉTAT-MAJOR GÉNÉRAL

Au Quartier général impérial, à Varsovie,
le 15 janvier, an 1807.

Sais-tu bien, ma chère Laura, que ta lettre du 18 décembre, que j'ai reçue hier, m'a fait un bien doux plaisir? Comment donc, toi qui es si heureuse, tu peux donc aimer ce père tyrannique, qui a retardé ton bonheur de quelques mois? Tu es bien indulgente et je m'en applaudis. Au reste, si cela peut servir pour ma justification, j'avouerai que j'y ai regret et que je ne le ferai plus. Ainsi, n'y pensons plus. Sois toujours ma bonne fille et tu me trouveras ton bon père, qui serait plus content de te donner cent mille écus que tu ne le serais de les recevoir. Ils ne vaudraient pas ta lettre affectueuse, qui me prouve que j'ai encore une enfant qui m'aime. Tu as bien raison, puisque tu me feras un doux plaisir, qui ne peut manquer de contribuer aux tiens. Tu dois en avoir beaucoup, sans compter les repas de noce. J'aime à savoir que les institutions nouvelles n'ont pas fait oublier cette coutume un peu aristocratique de l'ancien régime. Il est des usages sacrés, comme les baliveaux d'une forêt abattue, auxquels la hache des révolutions ne doit pas toucher, et les repas de noce sont de cet heureux nombre.

Ta compassion filiale sera touchée d'apprendre que, tandis que tu fais noces et festins, moi je jeûne, par-ci par-là, ou bien je mange des pommes de terre, que je n'aime pas du tout. Depuis Noël, j'ai passé dix à douze jours au delà du Bug, et je t'assure qu'excepté la boue, qui est très abondante, il n'y a plus rien à trouver dans ce chien de pays, dévasté par les Russes. J'avais porté de Varsovie un dinde géant et une belle langue de bœuf, avec quelques bouteilles de vin de Hongrie. J'étais arrivé à Nazielk avec un bon camarade (le colonel Chevallier). Nous étions harassés de fatigue et demi-morts de faim; mais, heureusement, nous avions la moitié de la chambre du bourgmestre, un bon feu, de la paille bien fraîche pour nous coucher; nous étions encore dignes d'envie, puisque nous avions dans la cantine le dinde et la langue. Mais, ô revers funeste, le domestique de Chevallier vint nous dire en allemand que les provisions étaient perdues en route; je lui sautai au collet; je tirai mon sabre pour lui faire peur; je lui parlai de prison; je lui tins des propos très peu honnêtes; j'en fis autant à deux autres domestiques, le tout en vain, — et je mangeai des pommes de terre. — Des pommes de terre au lieu d'un dinde! Je ne doute pas que les coquins ne l'aient mangé. Peut-être est-ce une punition de Dieu, qui m'a puni d'avoir mangé le dîner du général Heudelet? Toujours est-il que j'ai été le dindon du souper. Chevallier dit qu'il n'a jamais vu un homme si en colère que je l'étais.

J'ai été réconforté le lendemain, à Circanow, par les officiers du 24e de ligne, qui me donnèrent de la soupe et une cuisse d'oie. Que les Dieux le leur rendent!

Le jour où tu m'écrivais était aussi un jour tout à fait heureux pour moi. J'étais au château de Gutowy, chez une belle dame, qui me donna un souper à la française servi en vaisselle plate, que je lui conseillai de serrer, et pour cause. J'amenai à son excellent banquet le prince de Hohenzollern qui mourait de faim et qui n'est pas un ingrat, car je l'ai vu hier à la cour et comme il sait que j'aime les bois, il m'a offert une charmante retraite dans les Etats de la Forêt-Noire, quoique la chanson me défende d'y aller. Chacun a son goût; moi, j'aime la Forêt-Noire. Je te conte tout cela, parce que, si tu viens en Pologne, tu te souviendras qu'il faut souper à Gutowi. Tu laisseras Sablona de côté, quoique ce soit un très beau château, appartenant au prince Poniatowski. Le prince n'y a laissé qu'un ladre de concierge, qui ne donne rien à boire ni à manger, qui prétend que les Russes ont tout avalé et qui m'a fait payer un méchant poulet six florins de Pologne (3 fr. 12 d'Elbeuf, près Caudebec). Payer un poulet chez le neveu du dernier roi de Pologne! Fi donc! Je le lui dirai dès que je le verrai. On dîne encore mieux aux châteaux de Turcynovo et de Bogustavice. Cependant, si tu n'as pas une grande passion pour voir la Pologne, tu feras aussi bien de continuer tes repas de noce à Elbeuf, et quand ils seront tous rendus, tu prieras ta chère Euphrasie de se marier et cela t'en procurera encore quelques-uns.

Tu vas croire que je suis devenu gourmand; je ne parle que de dinde, d'oies, de dîners, de soupers, etc. Hélas, ma chère Madame Louis Maille, si vous vouliez penser que depuis que j'ai mis le Rhin entre nous deux, je vis presque continuellement dans l'abstinence et la macération, vous ne seriez pas surprise si je tourne quelquefois des yeux jaloux vers le bœuf bouilli d'Honoré Vaquet, ou Laurent Dupont que vous renvoyez à vos gens. Dis-moi, comment aimerais-tu de la soupe au fromage, au citron, à la bière, aux confitures? Tu crois que je ris? Eh bien, cent mille autres te le diront à notre retour. Ce sont pourtant là les jours de noce pour nous, quand je me trouve chez d'honnêtes gens, qui veulent me régaler; le reste est dans le même genre. Je ne te le détaille pas, tu ne voudrais pas me croire, car la vérité est quelquefois invraisemblable, surtout en Pologne. Ah, qu'il eut raison, notre roi Henri III, qui, ayant été nommé roi de Pologne, s'échappa du pays comme un voleur aurait fait! Il décampa incognito plus vite qu'il n'était venu. Il est vrai qu'il allait régner en France, et le prince n'était pas dégoûté, pas plus que ce général qui désirait mourir d'un coup de canon. —

Enfin, ma chère Laura, la Pologne est si effroyable qu'on disait hier qu'un de nos princes les plus braves avait été quelques jours indisposé par la peur qu'il a d'en être élu roi! Au reste, il ne faut pas être trop difficile. Ce n'est pas la saison pour juger le pays. Toute blanche qu'elle est, la neige n'est pas gaie, et puis, quand les Russes ont passé par un territoire et que nous y venons après, au nombre de deux cent mille bouches au moins, il est aisé de croire que les tourtes à la Bouchery n'y sont pas communes. J'invoque souvent les mânes de ce grand cuisinier et je leur dis : Oh! Envoyez-moi un gigot et je ne me plaindrai pas s'il est trop cuit! pas même s'il a bon goût! Je ne vis pas pour manger : je ne désire que de ne pas mourir de faim. Que de fois j'ai désiré des écrevisses que tu dédaignas à un certain dîner de restaurateur où tu m'as boudé pour la première fois: tu ne m'aimais pas trop, ce jour-là. Je crois que si tu avais pu me manger, au lieu des écrevisses, je ne serais pas à Varsovie, ce jourd'huy, dans le palais Sarnowsko, chez Mme la comtesse Tarnowska. Tu diras que je ressemble à don Quichotte, qui voit partout des châteaux et des palais; il ne faut pas toujours s'en rapporter aux mots dans ce cher pays. Les palais de Varsovie seraient à peine des hôtels à Paris, et quelques-uns sont d'assez tristes maisons. Ma comtesse est laide, vieille et avare : elle a, dit-on, trois cent mille livres de rente en Gallicie, mais nous n'en vivons pas mieux chez elle : elle a eu la crânerie de nous donner aujourd'hui un poulet pour rôti et nous étions huit bouches! Je n'en ai pris que la moitié, le reste a été partagé à la famille. Au lieu de six grands laquais bleu céleste derrière nous, n'eût-il pas mieux valu n'en avoir qu'un et avoir six poulets dorés?

Je crois que Son Excellence aime beaucoup me savoir dîner en ville. Je lui ai fait cette joie hier; j'ai dîné chez le général Suchet, où j'ai mangé une soupe française « aux oiseaux », sans compter un chapon au riz, un gigot aux haricots et beaucoup d'autres choses succulentes, auxquelles il est inutile de penser, puisqu'elles sont digérées. Quand j'étais dans mon gouvernement de Posen, je vivais aussi fort bien, chez un ami ancien de ton oncle Ancel, le maréchal Lefèvre, qui m'avait donné la table, à laquelle je ne nuisais pas. Comme gouverneur du pays, j'invitais la municipalité à la bien garnir. Depuis que j'ai quitté ma province pour suivre l'Empereur, j'ai vu de beaux faits d'armes et j'ai jeûné, mais il ne faut plus parler de cela.

Disons quelque chose de plus agréable à une jeune mariée; par exemple, parlons de la chasse aux ours dont nous nous sommes régalés quelquefois dans des petites forêts de quarante lieues de long, quand nous ne faisions pas celle à d'autres brutes qu'on appelle des Russes. Nous en avons tué trois, très mal léchés et qui sont si bêtes que de porter leur fourrure en dehors dans un temps si froid. Ce n'étaient que des oursons, qui ne savaient pas danser, faute de maître pour leur donner des leçons. — Mais tu n'aimes peut-être pas mieux la chasse aux ours que la description de mes jeûnes. Que faut-il donc te dire pour te plaire? Veux-tu que je te parle guerre? Eh bien, va, parlons batailles, pour finir la page, et commençons par le passage du Bug.

Malheureusement, tu n'es pas très versée dans la tactique militaire et, comme je ne suis pas près de toi pour rendre ma description plus claire avec des bouchons et des verres, je ne serai peut-être pas très intelligible pour toi. Tu ferais bien de lire, dans Amphitryon, le récit de la bataille par Sosie, cela t'en donnerait quelque idée.

D'abord, le Bug est une rivière rapide, aussi large que la Seine au pont de Rouen. Les Russes étaient sur la rive droite, les Français sur la gauche. Les Français voulaient passer le Bug pour aller estropier les Russes, parce que c'est là la manière présente d'acquérir de la gloire que de tuer ou d'estropier son prochain, souvent sans savoir pourquoi. Les Russes avaient eu la sagesse de brûler les ponts et les bateaux, pour ne point être houspillés par les Français, et cependant — les Français ont passé le Bug à la barbe des Russes et les ont forcés, dans une position presque inexpugnable qu'un contremaître un peu militaire et une demi-brigade de fameux Français n'aurait jamais laissé prendre. Enfin, le Bug a été passé sur des pontons par les Français — et les Russes, stupéfaits, sont restés en partie sur le flanc, où on les voit encore en proie aux corbeaux polonais, ce qui n'est pas d'un aspect très récréatif. Il y a bien quelques-uns de nos compatriotes dans le nombre, et le même champ réunit amis et ennemis; Bas-Normands et Cosaques, Tartares et Poitevins, Champenois et Kalmouks, la mort a tout réconcilié et tous dorment paisiblement ensemble, voire les chevaux.

Mais, diras-tu, comment a-t-on pu passer le Bug, sans ponts, contre des canons et des baïonnettes? Ecoute ma comparaison : Je suppose que ton Euphrasie est mariée : c'est encore plus aisé à faire que de passer un fleuve devant l'ennemi. Je suppose encore qu'elle demeure vis-à-vis de toi. Je suppose aussi que tu es devenue tout à coup aussi guerrière que la reine des Russes, — et je suppose enfin qu'Euphrasie est une amazone qui ne veut pas te permettre de passer chez elle sur une planche, un jour de grosse eau. Toi, tu veux passer. Que fais-tu? Tu amènes tes trieresses avec leurs gros ciseaux, tes épinceuses avec leurs épinces, tes bobineuses avec les broches de leur rouet; elles attachent leurs armes aux esses, aux aunes, aux baguettes du batteur à claies; tu les ranges le long du fleuve appelé la grosse eau et tu donnes le signal. Alors, la troupe fait, sur l'ennemi rangé de l'autre côté, une décharge de balles de gloutron, d'oreilles, de balles de laine, de pelotons de neige, — s'il y en a, — de chardons, de bobines, de perrots et de toute l'artillerie du magasin à fil. Et tandis que l'ennemi s'occupera à riposter ou à baisser la tête pour éviter les boulets, tes boudineuses qui sont à l'avant-garde jettent des cotrets dans le fleuve, jettent une planche dessus; tu t'élances comme sur le pont d'Arcole, ta division à ta suite. Alors commence le carnage. Tes adversaires attrapent des bosses à la tête, des égratignures à la main; quelques-unes saignent du nez; tout s'enfuit chez l'apothicaire, et le taffetas d'Angleterre et l'eau vulnéraire sont à l'ordre du jour. Voilà, ma chère Laura, comment on passe un fleuve devant l'ennemi!

Si l'affaire avait lieu un samedi, par bonne fortune, tu pourrais faire une belle manœuvre; ce serait de faire monter une brigade sur les ânes des fileurs, les faire passer par le jardin de M. Constant Bourdon, — quoique territoire neutre (on le viole au besoin), — les ramener au grand trot par l'arche du pont, le pré Basile, le jardin de Louis Delarue, avec l'attention de ne pas laisser brouter ses choux; déboucher par sa cour et prendre l'ennemi en flanc avec ta cavalerie, tandis que ton infanterie le culbuterait en front. — Tu vas dire que l'air de la Pologne m'a rendu fou. Tu m'as écrit de te faire rire, je tâche de t'amuser de mon mieux au lieu d'aller à la comédie, car nous avons Comédie-Française et aussi quelquefois concert chez l'Empereur, et le prince Murat va donner des bals. Viens donc vite!

Que serait-ce si je te parlais des batailles, ou combats, ou escarmouches qui nous ont fait passer le temps pendant quelques jours. A Pultusk, par exemple, nous prenions 30.000 Russes, si une partie de notre armée n'eût pas été retenue par des marais boueux. Je n'ai jamais vu de tel cloaque. Nos braves soldats combattaient nu-pieds; souliers et bottes étaient restés dans la boue. — J'ai l'agrément d'être revenu de deux affaires assez chaudes, avec mes deux oreilles; mais j'ai laissé, entre autres, deux amis sur le champ de bataille, le colonel Bucler et le jeune Véal. L'ennemi n'a dû son salut qu'à des chemins impraticables à notre cavalerie.

Il nous a laissé ses canons, mais le diable ne les arracherait pas avant le retour de l'été. Quel chien de pays! Cela ne m'empêche pas de faire des vers: j'en ai composé même au milieu des boues. Je viens de donner à l'Empereur « le Réveil de la Pologne » en trois ou quatre cents lignes rimées. Je la fais ressusciter et sortir de sa tombe; elle dit de très belles choses; je te les montrerai et tu penseras comme moi. Ma comtesse me les fait lire deux fois par jour à tous les nobles Polonais. Ils m'ont valu l'honneur d'être admis « bourgeois de Varsovie ». J'aimerais mieux six côtelettes sans fines herbes, car j'ai encore faim !

Puisque je suis en train de me vanter, je te dirai une bonne action que j'ai faite il y a quelques jours. Je revenais à Varsovie, je sortais d'une forêt de sapins où l'on m'avait tiré quelques coups de fusil quand j'ai entendu un malheureux Russe, près d'expirer sur un tas de pierres. Une balle lui avait traversé un œil et était sortie au-dessous de l'autre.

Toute sa face était livide et sanglante. Il dit à mon Ernest, qui est un domestique polonais extrêmement bête, mais bon homme, qu'il était errant dans les bois depuis neuf jours. Ce pauvre diable léchait littéralement les pieds de mon cheval, et semblait vouloir l'arrêter. J'eus la barbarie de lui jeter de l'argent. Oui, c'était une barbarie, et il me le fit bien sentir, car il se leva sur ses genoux et voulut me rendre mon argent; ce n'était pas de l'argent qu'il lui fallait, mais du pain et des soins; je lui donnai du pain que je gardais précieusement; je trottai à un village voisin; j'en ramenai un paysan à qui je le recommandai fortement en disant que je reviendrai le voir dans peu de jours. Je le vis conduire; j'ordonnai qu'on l'amène à l'hôpital à Varsovie quand il pourrait. Ernest prétend l'avoir rencontré hier: il radote. Il ne peut être encore guéri. Je voudrais le retrouver; j'en ferais mon domestique et je crois que celui-là me serait attaché.

Si, dans le cours de ma vie, j'ai commis quelques petites peccadilles, j'espère que mon Russe plaidera pour moi au jugement dernier, contre mes accusateurs et accusatrices.

Adieu enfin; il est bientôt temps, n'est-ce pas? Excuse mes petits racontages puisque je les fais pour t'amuser et que je trouve du plaisir à faire ce que ma Laura désire; je ne peux pas te dire exactement quel jour je t'embrasserai; je crains que ce ne soit pas pour ce Carnaval. Au reste, je suis content de penser qu'il n'y a plus que les Russes entre nous et les Chinois et que c'est, tout au plus, l'affaire d'une campagne. Nous jouirons ensuite d'une paix durable et nous en profiterons pour digérer encore une fois des fricassées de poulets. Je t'embrasse de tout mon cœur; je te serre bien fort dans mes bras; je vis avec l'espoir de retrouver ma fille contente.

D. D.

....Sois tranquille sur mon compte, nous nous reverrons. Nous allons peut-être faire la paix générale....

Vers Pétersbourg. — A son gendre.

GRANDE ARMÉE

ÉTAT-MAJOR GÉNÉRAL

Au Quartier général impérial, au champ de victoire en avant d'Allenstein, le 4 février 1807.

Mon cher Louis, tu peux dire à ta femme que, ce matin, pendant qu'elle s'occupait de sa robe de bal ou de repasser ses triresses, nous avons battu les Russes d'importance. Ils sont en pleine déroute et nous les poursuivons. Je profite d'une halte et d'un courrier pour vous dire que j'ai mes deux oreilles, etc.

L'Empereur fait en Pologne, comme en Italie, en Egypte, en Moravie, en Saxe; il gagne des batailles immortelles comme lui. Il s'est montré, à sa manière, dans le milieu du feu et a donné un grand exemple. Heureusement, il a échappé au danger. Je ne puis te dire où nous allons : ce sont les vaincus qui nous dirigent; je crois sur Balistok et Grodno ou peut-être sur Kœnigsberg. Mon papier boit et moi, j'ai faim, mais il ne faut pas penser à cela. Adieu, nous remontons à cheval. Nous avons déjà 15.000 prisonniers. Le champ de bataille est couvert de Russes qu'il ne faut pas regretter: ce sont des bêtes brutes, qui égorgent leurs prisonniers. J'ai presque regret d'en avoir sauvé un.

J'espère que nous allons déconfire leurs débris; on dit qu'ils étaient 150.000: c'est beaucoup. N'importe, ils sont au diable. Nous allons signer la paix à Pétersbourg, et puis nous reviendrons à Elbeuf, près Caudebec, nous remplumer un peu, car nous ne sommes pas gras. Adieu, porte-toi toujours aux oiseaux. Embrasse ma Laura, ou ta Laura, ou notre Laura quand tu la verras. Cela lui fera plaisir, et dis-lui que je l'aime de tout mon cœur et que je vous souhaite à tous deux santé, joie et prospérité.

Si tu vois quelques anciens amis à moi, dis-leur que je me porte bien et que je compte, à mon retour, sur leurs côtelettes pour me remettre un peu en état de paraître.

Laura croyait qu'un gouverneur de la grande Pologne était un nabab de l'Inde; mon gouvernement m'a coûté six francs de papier: j'aime bien mieux être venu à Allenstein.

Bavardage. — A sa fille.

GRANDE ARMÉE
N° .....

ÉTAT-MAJOR GÉNÉRAL

Au quartier général, à Allenstein,
le 8 avril 1807.

Bonjour, Laure. Bonjour, belle dame des bords de la Seine. Bonjour, la meilleure de toutes mes filles. Comment vas-tu par ce beau matin? Tes yeux sont-ils languissants? Tes joues sont-elles animées? Ton cœur est-il content? Je l'espère, au moins, puisque tu possèdes celui que tu aimes. Y a-t-il quelque chose de nouveau au bord de l'eau, à la barrière de Caudebec? A Allenstein, il n'y a pas grand chose digne d'être tracé à tes prunelles. Je me porte bien, j'ai toujours bon pied, bon œil et bon appétit, et j'occupe toujours mon vieux château gothique, dont j'ai délogé les chats-huants. C'est là que nous rions en attendant l'heure de houspiller les Russes, qui sont toujours devant nous mais qui n'ont pas l'air de chercher à nous attaquer sérieusement, quoiqu'on annonce que leur empereur est arrivé, et que sous peu de jours nous aurons une grande bataille. En attendant, nous gobons par-ci, par-là, quelques cosaques que nos tirailleurs dégringolent de leurs chevaux quand ils viennent caracoler trop près de nous. Je pensais à t'en envoyer un hier; comme il était laid, avec ses sourcils rouges et hérissés qui se rejoignaient! Cependant, sous sa casaque d'ours, il portait un cœur sensible, car il s'est jeté dix fois à mes genoux pour me prier de le laisser retourner auprès de sa femme et de ses enfants. Les jolis petits marmots qu'ils doivent être, ses fanfans !

Tu sais qu'à la guerre il faut être barbare, ou au moins insensible. Au lieu de le renvoyer dans son Ukraine, je l'ai envoyé à M. le Maréchal, parce que tel était mon devoir. J'en ai vu un autre, beaucoup moins attaché à sa moitié, car lorsque je lui disais, pour le consoler, que les Turcs faisaient en ce moment l'amour à sa femme: « Eh bien, dit-il, chacun son tour! » Voilà ce qui s'appelle un cosaque philosophe à la mode!

Comme tu t'amuserais si tu étais avec moi ! D'abord, tu valserais tous les soirs et la danse, comme tu sais, est le bonheur suprême, puisqu'on assure qu'au Paradis on valsera autour de la calotte des cieux. Tu monterais à cheval tous les matins; on te placerait en sûreté sur une éminence, d'où tu verrais nos fourrageurs chasser les cosaques comme des bandes de cerfs, et rapporter de la paille et quelquefois des pommes de terre. Au reste, ne crois pas que je jeûne. Nous avons en dépôt, à cette heure, 43 bœufs dont quelques-uns, il est vrai, sont des bœufs féminins, que nous avons volés à l'ennemi. Sa Majesté nous a donné d'excellent vin, encore hier, 1.800 bouteilles. Flavigny m'a aussi envoyé hier, d'Elbing, quatre bouteilles de ratafia, bon comme du curaçao, et puis quelques autres petites provisions, toutes fort à ton service. Joins à cela quelques oies égarées qu'on rencontre çà et là, quelques petits moutons et tu jugeras que nous ne sommes pas à plaindre à présent et que nous ne jeûnons plus ! Notre carême est passé et le tien aussi puisque tu chantes à présent au Salut: *O filii et filiæ*, ainsi que : *Victimæ paschali laudes*. Pour moi, je ne puis jouir de cette douceur, car notre église est déserte.

La maison du Seigneur sans autel, sans ministre,
N'offre plus que le deuil sous son dôme sinistre !

Le curé a eu peur; il a fait sa retraite et je crois bien que le sacristain et le bedeau l'ont suivi, de façon que je ne peux plus chanter les Vêpres, et c'est dommage! Car je chante comme peu d'autres ! Mais toi, qui te moques, est-ce que tu as donc une si belle voix? Tiens, crois-moi, n'en parlons pas, car, si nous débutions tous les deux, je crois que je l'emporterais, surtout dans le récitatif et les roulades.

Tout en causant roulades, voilà le gros canon qui roule sur notre droite, mais il est loin et ce n'est pas cela qui me fera suspendre la lettre que j'ai l'honneur de t'écrire. S'il fallait se déranger pour quelques coups de canon, on n'en finirait pas. Continuons vite, de peur qu'un ordonnance n'arrive pour me déranger. En effet, moi qui ai encore tant de choses intéressantes à te dire et à te demander.

Par exemple, as-tu été à confesse il y a quinze jours? As-tu dit que tu te repentais de m'avoir boudé une fois à Paris? As-tu promis de me pardonner bien sincèrement, quand tu me reverras? Car nous nous reverrons! Pour moi, j'attends le retour du curé pour lui demander une pénitence qui puisse expier tous les tourments que je t'ai fait endurer. Crois-tu que si je disais, pendant six mois, les 7 psaumes trois fois par jour, en me donnant tous les matins quelques douzaines de *meâ culpâ*, je n'en serais pas absous? Si tu trouves que ça ne suffit pas, tu peux le dire, et je doublerai la dose.

A présent, parlons raison. Combien as-tu de chapeaux roses, de châles lilas, de souliers amarante? Y a-t-il ici quelque chose qui puisse te faire plaisir? Veux-tu une lance de cosaque, de quinze pieds de haut, pour te servir de défense contre les tigres et les rhinocéros des bois d'Argeronne? J'en ai trois dans ma chambre, peintes en bleu turquin. Veux-tu l'arc et les flèches d'un Basskire? un petit cheval du Tanaïs? des pommes de terre d'Allenstein? des brochets de nos lacs? un élan de nos bois? Veux-tu un petit ours, un vieux loup, un Kalmouk? Dis donc ce que tu veux ! Je voudrais bien t'envoyer mon poème sur la Pologne, mais c'est un volume. Il me faudrait huit jours pour te le copier et à toi huit écus pour payer le port. Il vaut bien mieux les employer en choses indispensables, comme de la gaze, du linon, du crêpe, etc. Ecris-moi un peu plus souvent et dis-moi si tu as bien soin de ton cher Louis, si tu le dorlotes, si tu as attention qu'il dîne et dorme bien, mais pas trop cependant. Car trop dîner endort et trop dormir engourdit le sang. Souviens-toi que c'est à toi d'ourler ses mouchoirs, de marquer ses cravates, de broder ses chemises, de tricoter ses bas, et de ployer sa serviette, à moins qu'il n'ait ma manière, qui n'est pas longue. Souviens-toi encore de ne jamais bouder avec lui, à moins que ce ne soit pour trois grandes minutes, pour avoir le plaisir de débouder. Ne lui dis point non plus de ces petits mots piquants, qui semblent être les enfants du hasard, quoique lancés à dessein. Dis plutôt, tout franchement, ce que tu as sur le cœur et puis, n... i..., ni, c'est fini.

Et moi aussi, j'ai fini et il en est temps, n'est-ce pas? Eh bien, adieu. Je t'embrasse tendrement, comme ma bonne et chère fille. Pense quelquefois à moi comme je pense à toi sur les rives de l'Alle. Lorsque tu passes le long des bois d'Argeronne, si ta bourrique est un peu en arrière de la société, profites-en pour me donner un souvenir et fais-m'en part quand tu arrives. Cela m'aidera à passer le temps et abrégera les heures de mon nouvel exil. — Ah ça ! Adieu, pour cette fois-ci. Embrasse beaucoup et longtemps ton mari pour moi et acquitte-moi de tous mes devoirs auprès de tous les tiens et puis que le Ciel te conserve, ma chère Laure. Adieu.

Adresse à présent : Adjudant Général D. D.
Chef de l'état-major de la 1re division du 3e corps d'armée, à la Grande Armée.

Sa Majesté a jugé à propos de me nommer adjudant-général en pied et chef d'état-major de la plus glorieuse division de son armée, celle qui a passé le Bug sous le canon de l'ennemi. Dame, c'est beau, ça, n'est-ce pas? Adieu donc, Laura.

Brin de causette. — A sa fille.

Toujours à Allenstein, 9 mai.

Oui, ma chère Laura, toujours à Allenstein; mais demain, nous n'y serons plus. Nous allons camper dans des baraques couvertes de branches de sapin, entre un beau lac et un grand bois, à une lieue d'ici. C'est là que je vais dormir sur de la bonne paille. Quant à cette nuit, je ne dormirai guère; nous apprenons que les Cosaques veulent nous tendre un piège et dame!...

Je suis bien pressé en ce moment et, par-dessus le marché, entouré de babillards. N'importe, il faut que tu saches que je t'aime bien, que j'ai beaucoup d'envie de t'embrasser et que je me porte comme si j'étais à Elbeuf, où on ne manque de rien.

Ton mari m'a écrit et c'est à lui que je devrais répondre; mais sa lettre est dans mon portefeuille, qui est dans mon secrétaire, qui est dans ma malle, qui est dans mon fourgon, qui est sous ma remise; mais c'est à lui que j'écrirai la première fois. D'ailleurs, vous êtes deux aimables moitiés qui ne font qu'un tout accompli : ce que je dis à l'un appartient à l'autre.

Je voudrais te donner des nouvelles militaires, mais nous ne donnons plus de grandes batailles. Quand nous aurons pris Dantzig et Graudens, peut-être les Prussiens et les Russes nous demanderont la paix. Au moins, ce sera leur intérêt s'ils ne veulent pas que ce pays soit tout à fait et pour longtemps ruiné.

Pour prix de ma complaisance à te copier mon éternel poème, je te recommande de l'envoyer à Flavigny qui, ne pouvant pas entendre, s'en amusera un moment. Prête-le aussi à ton oncle Maille qui a toujours aimé ma muse et puis, fais-en des fonds de bonnets encadrés dans des comètes. — Adieu, ma Laura, c'est de tout mon cœur que je t'embrasse.

La « recommandation » en campagne.
A sa belle-sœur.

Au bivac, sous Tilsitt, le 19 juin 1807.

Ma chère belle-sœur, j'ai lu avec un vrai plaisir, il y a environ quinze jours, votre aimable lettre du

16 mai, à laquelle je me proposais de répondre dès le lendemain, pour vous mieux prouver le prix que j'y attachais. Des coups de canon, qui nous ont fait monter à cheval, m'ont empêché de jouir de cette satisfaction et ce n'est qu'à cet instant que je puis m'y livrer.

Faites-moi l'amitié d'être bien assurée que je n'ai besoin d'aucun aiguillon pour rendre service à votre chef fils, que j'aime moi-même de tout cœur. Longtemps avant qu'il fût arrivé à notre grande armée, je lui avais écrit à son régiment, ainsi qu'à son ancien colonel. J'ai demandé aussi à Frigard ses états de service, pour m'en servir pour lui.

Je l'ai recommandé avec chaleur à son nouveau colonel, qui m'a répondu qu'il l'avancerait dès qu'il le pourrait, d'autant plus volontiers qu'il en faisait beaucoup de cas et qu'il l'appréciait. Malheureusement, il n'y a pas beaucoup d'avancement, en ce moment, dans l'arme des dragons.

Il y a environ trois semaines que j'ai écrit au Prince Ministre pour le supplier de faire mon neveu officier dans la cavalerie légère. Je n'ai pas encore de réponse et n'en suis pas surpris, à cause des circonstances. Je lui disais, entre autres sollicitations, que je ne demandais aucune faveur pour moi, mais que je le suppliais d'avancer mon neveu, dont je lui détaillais les services et les mérites.

A présent que nous avons jeté les Russes derrière la Memel et que nous pouvons respirer, je me propose d'aller, dans quelques jours, voir le Prince et ce ne sera que pour lui parler de Frigard, car j'aurais une véritable joie à vous annoncer qu'il est officier. Dans tous les cas, prenez bonne espérance; cela ne peut tarder car, son colonel l'estimant beaucoup, il avancera certainement.

J'ai aussi parlé de lui au général Barthelemi qui m'a dit en avoir été très content et surtout du bon ordre qu'il avait mis en lui amenant un détachement de Potsdam.

Je suis contrarié de ce que Frigard n'est pas à notre armée et qu'il soit si loin de moi, dans celle du maréchal Masséna; mais j'espère que la position que nous allons prendre va nous rapprocher et me permettra de l'embrasser de bon cœur. Je n'entends pas dire que son armée ait agi offensivement; ainsi, vous pouvez être tranquille sur son existence. Vous le reverrez et ce ne sera, je l'espère bien, qu'avec l'épaulette, pour laquelle il est si bien fait. Je lui ai offert de l'argent: il ne m'a pas répondu sur cet article : je partagerai toujours bien volontiers avec lui ma petite bourse.

Je ne vous dirai pas de nouvelles qui ne le seraient plus quand cette lettre arrivera. Le *Moniteur* vous aura conté que le Roi de Prusse n'est plus que le Roi de Memel, et peut-être ne sera-t-il plus rien dans quelques jours, et alors il pourra s'en aller passer le carnaval à Venise. Nous étions très tranquilles sur les bords de l'Alle et de la Passarge, il y a quinze jours, quand ses alliés ont voulu éveiller l'aigle endormi sur la foudre. Le combat d'Heils berg, la prise de Kœnigsberg, la bataille de Friedland les ont punis et les voilà retirés derrière la Memel où ils ne sont pas tranquilles. Si notre Empereur ne va pas à Pétersbourg, ils ne le devront qu'à sa modération, car leur armée est aussi désorganisée que la nôtre est animée de courage et de confiance en son digne chef.

Les Prussiens désertent par centaines; ils ne veulent pas suivre leurs frères d'armes en Russie, d'où ils craignent de ne pas revenir. J'en ai rencontré plus de trois mille à six lieues du pays. Les forêts fourmillent de ces déserteurs prussiens, polonais et même russes. C'est une chose curieuse de les voir aux mêmes bivacs que nos soldats. Chacun fait sa soupe à sa manière et tous les déserteurs sont libres d'aller où ils veulent, en arrière de nous.

Et la belle reine de Prusse, que va-t-elle devenir? De quel repentir ne doit-elle pas être frappée, elle qui a poussé son mari dans cette guerre si fatale à la Prusse? Les jolies femmes peuvent donc faire du mal ?

Elle peut, en fuyant, échapper au vainqueur :
Mais comment pourra-t-elle échapper à son cœur ?

Beaucoup de politiques guerriers croient que nous allons nous cantonner derrière la Memel et organiser nos conquêtes, jusqu'à ce que l'ennemi nous demande la paix. Il est au moins probable que, s'il n'est pas enragé, il l'acceptera, et alors, nous reviendrons au bon pays de France, et j'irai à

Elbeuf, et d'Elbeuf à Louviers, où nous nous embrasserons tous deux dans votre maison, jusqu'à ce que vous soyez fatiguée d'embrasser. Je n'ai pas osé vous aller voir : j'ai craint que vous ne me reçussiez à coups de pincettes. Je suis vraiment aise de voir que vous me traitez en bon diable de beau-frère et je vous promets d'aller manger vos côtelettes dès que je serai dans votre voisinage.

J'aurai le plaisir d'écrire à M. Frigard, dès que j'aurai vu le Prince Ministre.

Est-ce la paix ? — A son beau-frère.

Au bivac sous Tilsitt-sur-la-Memel,
24 juin 1807.

Monsieur et cher beau-frère,

J'ai écrit, il y a trois ou quatre jours, à Mme Frigard que je verrais le Prince Ministre, dès que je le pourrais, pour lui recommander mon cher neveu Frigard. Je viens de le rencontrer chez Sa Majesté et je lui ai parlé de votre cher fils avant moi. J'ai été on ne peut mieux accueilli dans ma demande. Le Prince a seulement insisté sur ce que le colonel le recommandât lui-même, parce que c'est une affaire de discipline dans les corps que les recommandations arrivent par le Colonel. Je viens de lui écrire, pour hâter cette recommandation et d'après sa dernière lettre, j'ai lieu de croire qu'elle sera bonne. Ainsi, nous devons espérer le prochain avancement de Frigard.

Je vais vous dire une chose que je vous prie instamment de cacher, si elle n'est pas connue. Le lieutenant-colonel Piéton a été blessé dernièrement, dans ces environs, du *dernier* coup de canon qui a été tiré par les Russes, absolument le dernier. J'ai grand plaisir à vous dire que sa blessure n'est point du tout dangereuse et, qu'en vingt ou vingt-cinq jours au plus, il sera en état de continuer ses glorieux services. C'est une mitraille qui l'a blessé dans les chairs de la cuisse, sans aucune fracture; il est à Kœnigsberg, où il ne manque d'aucun secours. Je vous prie encore de ne pas laisser courir cette nouvelle sourdement, si elle n'est pas connue; il vaudrait mieux la publier tout entière, d'autant plus que j'affirme sur parole d'honneur que la blessure n'est pas dangereuse, mais en revanche, très honorable.

On disait hier, mais non officiellement, que les préliminaires de paix étaient signés; nous n'en avons pas la confirmation, qui serait bien venue. Le prince Galitzin et le général Labarron sont venus auprès de notre Empereur, et ont été bien reçus. Le dernier est resté avant-hier jusqu'à une heure du matin et c'est ce qui porte à croire qu'il a été question d'arrangement. Le Russe fera bien de se hâter et de faire la paix ou bien vous verrez Masséna passer la Memel à sa source et nous devant l'ennemi; et alors, nous ne nous arrêterons qu'à Pétersbourg..., si nous nous arrêtons.

Dans peu de jours, Tilsitt aura accouché de grandes nouvelles, bien intéressantes à l'Europe et au monde entier. En attendant, je dors sur la paille, le long de la rivière, malgré le temps détestable d'aujourd'hui, fête de Saint-Jean, jour heureux, où ma bonne m'a trouvé sous une feuille de chou.

Je présente respect et amitié à Mme Frigard, et vous embrasse avec le cher Sainte-Marie, dont je n'oublierai pas le frère. Je vous salue de tout mon cœur.

D. D.

P.-S. — M. le maréchal Duroc passe en ce moment au camp des Russes et un prince russe nous arrive. Espérons que les premiers coups de canon seront en réjouissance de la paix.

C'est la paix. — A sa fille.

Au quartier général du château de Kindsken,
près Tilsitt, ce 30 juin 1807.

Ma bonne Laure, il y a longtemps que je veux répondre à la lettre que tu m'as écrite le 12 mai par la main de ton cher Louis. Comme je n'ai pas de moitié pour remplir ce ministère, je t'écris en personne que je t'aime et t'embrasse de tout mon cœur.

Si tu n'étais pas toute à l'amour, je te dirais que ta curiosité eut été bien satisfaite d'être ici depuis huit jours, pour assister au grand spectacle que Napoléon nous donne, et qui finira par une bonne paix, qui me ramènera dans cette bonne Normandie, où je pourrai te dire : « Bonjour, ma chère Laura! » Tu me paraîtras bien jolie, en comparaison des Lapons et des Kalmouks que je vais voir tous les jours. Nous ne sommes plus séparés par la guerre, mais seulement par une distance moindre que celle d'Elbeuf à Saint-Aubin.

Tu sauras déjà par Delacroix, à qui j'ai écrit hier, que j'ai passé le 28 la revue de trois souverains, que je ne m'attendais guère à voir réunis sur le même champ. J'ai eu l'honneur de causer longtemps avec le prince Constantin de Russie, à qui je n'ai pas parlé de toi, cependant, parce que ce n'était pas le lieu pour parler de belles dames. Ecris-moi donc ce que tu veux que je t'apporte du pays des ours, — car nous n'avons que cela, par ici, avec des sapins et des sables.

J'espère te revoir sous trois mois, mais je ne pourrai pas arriver dimanche pour la Saint-Pierre; je tâcherai de prendre patience.

Ton mari est toujours bon garçon, n'est-ce pas? Il fait tout ce que tu veux, n'est-ce pas? C'est charmant. Moi, je fais souvent ce que je ne veux pas et je ne fais pas ce que je veux. Voilà la différence. Pourtant, je me porte aux oiseaux, quoiqu'un peu maigre.

Mais patience! Je reprendrai de l'embonpoint en Elbeuf, où j'ai encore, Dieu merci, de bons vieux amis du bon temps!

Je ne te donne pas de nouvelles. J'en ai tant écrit que j'en suis ennuyé. Je te conterai tant seulement que nous croyons tous la paix fortement assurée et qu'ainsi le commerce va fleurir. Tu vas vendre des draps bleus tant que tu voudras, mais fais-moi l'amitié de les vendre comptant. — Nous aurons tous besoin de culottes en arrivant, car douze cent lieues qu'il aura fallu faire pour aller et revenir les ont usées considérablement. Pour ma part, je crains bien de ne pouvoir gagner Paris sans montrer mon..... genou. Te voilà attrapée, tu attendais un autre mot.

Adieu; il est temps de finir. Je t'aime en père, et c'est ainsi que je t'embrasse avec ton Louis. Ecris-moi avec tes doigts; dis mille choses agréables à ton mari pour moi, et présente mon respect à Mme Maille, à tes belles-sœurs, et à toutes les personnes qui m'aiment un peu. Attends-moi cet automne et attends-toi à recevoir toutes les amitiés que je dois à ma bonne Laure.

Où la vache est liée... — A sa fille.

Varsovie, le 28 décembre 1807.

Ma bonne et chère Laure, tu as perdu un bon oncle dont les qualités et les vertus étaient l'honneur et l'exemple de la famille. J'ai été bien fâché de l'apprendre à mon retour de Posen, où j'ai été me délecter chez le bon peuple que j'avais eu l'honneur de gouverner, il y a un an. Ainsi la mort frappe aussi bien à Elbeuf comme à Eylau et Friedland et le résultat de tout est qu'il faut mourir. C'est pourtant bien dommage! S'il n'y avait que les méchants qui partent, passe encore. Mais les bons devraient toujours rester.

Je te raconterai que j'ai vraiment du chagrin, moi qui en suis pourtant assez ennemi. Tu sauras que je crois que j'ai la maladie du pays. Je suis presque désespéré de l'idée de passer l'hiver en Pologne, non pas parce que je suis dégoûté de ce pays, mais parce que je désirais beaucoup revoir mes gens et la grosse tour de Saint-Jean; ma bonne mère est si âgée que je frémis d'apprendre quelque jour une fatale nouvelle.

J'ai quelquefois le plaisir de causer de toi avec mademoiselle Thaïs Targel qui est ici avec père et mère et qui a eu l'honneur de manger avec toi la soupe de madame de Bré. Elle m'assure que tu étais une bonne enfant et que tu grimpais très bien aux arbres pour voler des pommes. Il y a aussi des demoiselles Lyautey qui ont fait leurs études avec Ta Seigneurie, mais j'ai oublié leurs noms de l'école.

Ta tante Frigard m'a écrit ces jours-ci que tu étais toujours une belle et bonne dame; je voudrais bien voir cela et t'embrasser de tout mon cœur, mais hélas! il faut que la vache broute où elle est liée et je suis lié en Pologne. Nous attendons le roi de Saxe qui est un saint roi : il vient avec son confesseur. On espère qu'il nous fera un cadeau pour lui avoir conquis la Pologne. En attendant, nous dansons souvent. Les Polonais nous donnent de grands bals et nous les leur rendons; malheureusement, ils nous coûtent un peu cher. Ton ancien maître dans l'art de valser est toujours chez moi; c'est un bon enfant, et puis, il est d'Elbœuf : c'est tout dire, — et puis il se porte bien.

Je ne sais pas de nouvelles intéressantes pour toi. Si on te parle encore de guerre, je te recommande de n'y pas croire. Et qui oserait encore nous la faire? A Varsovie, nous sommes à cheval sur la Russie, l'Autriche, la Prusse et la Turquie. Personne n'osera broncher, je t'assure. Tu devrais bien venir me voir. Tu n'aurais que mille lieues à faire pour aller et revenir et nous aurions le plaisir de nous embrasser, ce qui en serait un bien doux pour moi, car je t'aime bien.

Et ton mari, en es-tu toujours contente? Est-il toujours tendre et fidèle? Oui, sans doute, car tu le mérites. Embrasse-le donc pour moi et assure-le du plaisir que j'aurai à vous voir heureux ensemble. Adieu, ma Laura.

A propos, j'ai eu le plaisir de prêter un Frédéric (21 fr.) à M. Langlois, fils de M. J.-B. Langlois de Louviers, qui te le rendra. Je te prie de t'en servir pour acheter des bonbons que tu mangeras avec tes chères belles-sœurs et tes jolies nièces, sans oublier ton Euphrasie. S'il reste quelque chose, envoie-moi une aune de ruban d'honneur dans une lettre. Je le porterai pour l'amour de toi. Adieu encore.

Le bruit court... — A sa fille.

Varsovie, le 9 février 1808.

Ma chère Laure, je te remercie de toutes les choses aimables et tendres que tu me dis dans ta lettre du 28 décembre; en vérité, je crois que tu m'aimes encore un peu et cela me fait plaisir de le croire, car je t'aime bien aussi, moi, et je pense à toi sans doute plus souvent que tu ne crois. Je te remercie aussi des vœux que tu fais pour ma prospérité et ma conservation; quant à ce dernier point, il va bien, car je me porte comme la tour de Saint-Jean. Mais ma prospérité n'est pas brillante puisque je suis obligé de rester encore si loin de tous ceux que j'aime, et j'en suis si profondément affligé que je deviens une bête apathique, qui passe son temps.

ou plutôt qui le tue, à voir couler l'eau de la Vistule. Je crois que j'ai la maladie du pays: voilà dix-huit mois passés sans t'embrasser et Dieu sait quand je t'embrasserai!

Ce n'était pas assez d'avoir été exilé en Pologne, ma bonne fortune veut que nous soyions le corps d'armée le plus voisin de l'Inde, et le bruit court que nous allons, dans six semaines, à plus de deux mille lieues d'ici: tu as pu en apprendre quelque chose par les gazettes. Si je n'avais que trente ans, j'irais volontiers et même j'en serais bien aise; mais à présent que mes idées sont refroidies comme mon sang, j'aime autant vivre dans un bois avec douze côtelettes par jour. N'importe, il faut partir, puisque tel est mon métier et qu'en me retirant en ce moment de l'armée, je perdrais tout espoir de retraite. Au reste, notre départ n'est encore qu'un bruit qui court et qui ne se réalisera peut-être pas. S'il s'effectue, je t'apporterai, quand je reviendrai, si je reviens, des shalls de cachemire et du thé de la Chine. En attendant, porte-toi bien, sois contente et aime-moi bien.

Mon cher Louis, si ta chère femme te fait endèver et si tu veux l'attraper, prends la poste et viens me rejoindre à Varsovie, d'où je te mènerai, dit-on, à Madras, à travers les mers et les déserts. Tu auras le plaisir de coucher à la belle étoile, quand nous n'aurons pas le luxe d'une hutte de Tartare et tu mangeras quand il y aura à manger. — Je vois que tu détournes la tête et que tu préfères encore ta Laure à toutes les veuves du Malabar. J'espérais aussi l'embrasser ce printemps et voilà de mauvaises nouvelles qui m'éloignent davantage. Si elles ont lieu, heureux ceux qui sont indépendants! J'avais tant de désir de revoir les miens, je l'espérais, et ce beau rêve s'évanouit. Cependant, j'espère encore et il peut arriver que l'Anglais fasse la paix. Alors, j'irai t'embrasser et te dire que je sui ton sincère ami et que je te souhaite bonheur et santé.

D.

Ecrivez-moi tous deux afin que je reçoive encore de vos nouvelles avant mon départ, si nous partons. Mille amitiés aux amis. J'écrirai ces jours-ci à tous pour dire adieu, à tout hasard.

Vers l'Inde. — A son beau-frère et à sa belle-sœur.

Varsovie, le 10 février 1808.

Monsieur et ami, il y a longtemps que je désire vous écrire, mais je vous avouerai que depuis le jour où nous avons reçu la nouvelle que nous restions en Pologne, j'ai été assez sot pour en prendre du chagrin et négliger ma correspondance, puisque je ne pouvais plus annoncer mon retour à mes amis, après m'être fait fête de les revoir après la paix de Tilsitt. J'aurais été au moins bien aise d'avoir Frigard un mois ou deux avec moi à Varsovie, pour me consoler et m'aider à passer le temps; je n'ai pas encore pu avoir ce plaisir; je me résigne volontiers à cette privation par l'idée qu'il a pu se rendre près de vous et revoir les bords de l'Eure, dont je suis si loin et dont il est question, dit-on, d'éloigner encore notre corps d'armée. Le bruit s'est répandu que nous étions destinés à aller conquérir la paix dans l'Inde; ce serait un charmant voyage pour un homme de 25 ans, mais quand on approche de 50 et qu'on a pour perspective un voyage de plus de 2.000 lieues sous des zones brûlantes, où il faudra demeurer peut-être sept ou huit ans, cette réflexion n'est pas très gaie pour un homme qui a été presque toujours loin de son pays, depuis dix-neuf ans. Au reste, il n'en faudra pas moins obéir à mon sort, si l'on part; ainsi, il faut encore se résigner à aller manger ma paie dans l'Inde. J'espère néanmoins que cette nouvelle ne se confirmera pas et qu'il pourrait arriver que je me trouvasse bientôt à Louviers, à trois lieues d'Elbeuf. J'aimerais beaucoup à m'y voir et à vous trouver tous en bonne santé et en contentement. Je touche à l'âge où l'on aime à revoir les clochers de son pays, et où l'on sent le bonheur de porter un habit gris et un chapeau rond et d'être indépendant. Jouissez de ce bonheur, vous qui le pouvez. Allez vous promener à Ste-Barbe, quand il fait beau temps et chauffez-vous en lisant « La Pucelle » quand il pleuvra. Si je rapportais jamais des roupies d'or de Mazulipatam, j'en ferais autant!

C'est encore la même excuse, Madame, que j'ai à vous donner du retard que j'ai mis à vous répondre. La bonne vérité est que depuis six mois, je n'écris à personne, tant je suis maussade et ennuyeux à force d'être ennuyé. Quand je ne suis pas occupé à mon bureau, je m'en vais courir les bois à pied, avec un gros bâton, pour y rêver à la Normandie, car j'ai gagné la maladie du pays. Excusez-moi donc, pardonnez-moi, et croyez que j'ai été on ne peut plus sensible aux expressions d'amitié dont vous m'avez favorisé et que, si je n'y ai pas répondu, ce n'est pas parce que je les ai oubliées. La seule et véritable raison de ma négligence est mon chagrin d'être cloué, pour vivre, dans un pays où je ne puis dire avoir un ami. Ce n'est pas que nous n'ayons tous les jours des fêtes, des dîners, des casinos, des danses: mais tout cela n'amuse que nos jeunes gens et j'y assiste le moins que je peux, parce que je me regarde comme exilé. Les Polonaises sont cependant jolies, aimables, parlant toutes français et ayant l'usage du grand monde. Il y a vingt-cinq ans, je crois que je me serais amusé ici; aujourd'hui, j'y sèche d'ennui. — Je crains surtout de ne plus revoir ma bonne mère et cette idée me poursuit jour et nuit. Ma destinée m'a toujours contrarié dans mes goûts. J'aime beaucoup mes parents, mes amis, mes habitudes, la vie domestique et même retirée, et depuis tantôt vingt-ans, je suis loin de tous ceux que j'aime et je vis dans le tourbillon. Qu'on dise encore que tout est pour le mieux!

Et vous, Madame, jouissez-vous de la vie? Avez-vous le bonheur d'avoir votre grand dragon auprès de vous? Je lui envoie une lettre pour le prince de Neufchâtel. Si votre fils est absent, tâchez toujours de faire parvenir cette lettre au Prince; peut-être il se souviendra de ce qu'il m'avait promis à Boulogne. Je suis fâché de ce que Frigard, qui est le meilleur enfant de la province, ait souvent son étoile en opposition avec celle de ses chefs, car c'est leur recommandation que le ministre de la Guerre préfère à toute autre.

J'ai été bien frappé en apprenant la perte que vous avez faite et je vous offre ma sincère condoléance. Je suis bien fâché de penser que Monsieur votre père a emporté de moi une idée défavorable: j'ai fait ce que j'ai pu pour lui témoigner, en tous les temps, ma reconnaissance et mon respect et j'aurais voulu qu'il m'eût entendu avant de me condamner et de me priver tout à fait de son affection; c'est une consolation dont j'ai été privé, et ce n'est pas moi qui dois me faire aucun reproche à cet égard, puisque je n'ai pas attiré moi-même sa colère : nous nous retrouverons tous un jour, j'es père, dans un autre monde et je me justifierai.

Vous seriez bien indulgente si vous vouliez me souhaiter avant mon départ (qu'on dit devoir avoir lieu en avril) un bon voyage pour l'Inde : nous n'avons que pour un an de route en marchant tous les jours. Vous voudrez bien me dire si vous voulez que je vous rapporte les diamants de la reine de Golconde, ou les perles fines de la veuve du Malabar. Si elle ne s'est pas rôtie par réflexion, je vous en donnerai des nouvelles : cependant, quelque bonheur qu'il y ait à voir des Brahmanes, des Gangarides et des bonzes, j'aimerais mieux voir ma Laure que j'ai à peine vue et embrassée depuis sa naissance et je préférerais un petit déjeuner au beurre frais dans votre salle à manger à tous les festins du Roi de Candahar et aux reliques musquées du Grand Lama.

Embrassez, je vous prie, pour son bon papa, cette chère Laure, quand elle aura le plaisir de vous voir; parlez-lui de moi comme de son bon ami et si je ne revenais pas, dites-lui encore que je l'aimais de tout mon cœur, comme j'aime encore le souvenir de son frère. Adieu, madame et amie, adieu, peut-être pour trois mois, peut-être pour dix ans; croyez aux vœux sincères que je fais pour votre satisfaction et celle de tous les vôtres; et, sûrement, Sainte-Marie, le bon ami de mon pauvre fils, ne peut être oublié.

J'écris à tous mes amis et je partirai plus content quand je leur aurai dit adieu à tous et que j'aurai reçu leurs vœux.

Bonnes nouvelles. — A sa fille.

Varsovie, 11 juillet 1808.

Ma chère Laure, si d'ici au 16 août, nous ne sommes pas obligés d'aller en guerre comme Malbrough, j'aurai le plaisir de t'embrasser au commencement de septembre; ainsi si tu as envie de me revoir après tous les grands tourments que je t'ai fait souffrir, mets-toi en prières pour que nous restions en paix au moins quelques mois encore : j'aurais été bien heureux d'avoir un petit-fils à soulever dans mes bras à mon arrivée, mais il paraît que la réputation de ton mari vaut mieux que lui. Prends patience, ma chère enfant, et jouis encore, en demoiselle, de ta belle jeunesse.

A propos, sais-tu qu'il ne tiendra qu'à toi et à ton cher époux d'être gens de qualité? L'Empereur, en me faisant gentilhomme et chevalier d'Empire, me permet, comme à tous mes confrères, de transmettre ce titre à qui je voudrai, et comme ton mari doit être mon premier ami, il sera chevalier d'Empire pourvu qu'il puisse prouver mille écus de rente, et j'espère qu'il pourra le faire. S'il m'arrive mieux, ton mari en jouira également. Sa Majesté a ajouté à mon titre mille francs de rente, dont cinq cents viagers et cinq cents fonciers. Ainsi c'est pour moi un commencement de retraite et je pourrai te laisser quelque petite chose, quand j'irai dans l'Elysée.

J'ai besoin de l'espérance d'aller passer un mois à Elbeuf pour me faire supporter une si longue absence : j'en suis devenu si triste que je n'ai écrit à personne de peur d'ennuyer mes correspondants de mon ennui. Heureusement, dans une visite que j'ai faite à Monsieur le Maréchal duc d'Auerstaedt qui demeure à vingt-cinq lieues d'ici, j'ai obtenu la promesse d'un petit congé, que j'ai due à la recommandation de Madame la Duchesse, qui est aussi bonne que jolie.

A présent que je vois approcher l'époque de mon départ, je vais écrire à tous mes amis pour faire ma paix et être encore bien reçu, quand j'arriverai, par mes vieux camarades. Je commence par toi, parce que je t'aime tendrement, comme ma bonne fille.

Il y a dix semaines que M. de Limoges m'a quitté pour aller en Silésie et je n'en ai reçu aucune nouvelle; j'espère qu'il ne lui est arrivé aucun malheur.

M. le sous-lieutenant Petit est en congé ici pour quelques jours : il me fait l'honneur de venir dîner aujourd'hui dans mes terres : car tu sauras que j'habite dans le château de Mokotowo, à une lieue de Varsovie; j'ai un beau parc, des nids de fauvettes et un lac poissonneux. Je serais le plus heureux des hommes si Mokotowo était à une lieue de l'église Saint-Jean. C'est une antique princesse Lubormiska qui a bien voulu me le prêter pour l'été. Si tu voulais y venir, je t'y montrerais le pavillon de Lodoiska, situé romantiquement sur le lac. Je crois qu'il y a encore quelque princesse enchantée qui y est gardée à vue par des farfadets, car j'y entends quelquefois des gémissements; ce que tu y trouverais de plus charmant, ce serait ma vache, ma chèvre, mes vingt-quatre moutons, mon cochon de lait que nous mangerons dimanche, mes petits canards et mes petits poulets, car je suis devenu adjudant-général de basse-cour. Il m'est arrivé un grand malheur : j'avais une dinde qui couvait 29 œufs. Eh bien, je n'ai plus que 5 petits poulets de cette couvée; les autres ont été écrasés bêtement sous une couverture. Et puis Mokotowo (c'est le nom d'un joli petit épagneul à ton service) a aussi étranglé deux petits canards en se jouant. Plains-moi donc. Adieu, ma belle et chère Laura. Je t'embrasse de tout mon cœur, toi et ton cher Louis. Je te prie de présenter mon hommage aux dames Maille et de me rappeler au souvenir de leur mari. Adieu. Je t'embrasse encore comme ton bon père.

D. D.

Toujours adjudant-général, chef d'Etat-Major.

Tu peux encore m'écrire quelques lignes avant mon départ.

Un congé? — A sa fille.

Bayreuth, ce 9 janvier 1809.

Du 30 décembre. — Bonjour, ma chère Laure. Je reçois ta lettre et tous les grands reproches qu'elle contient, et je m'en bats l'œil, — parce que j'ai la paix du cœur, et que je sais bien que je t'aime de tout mon cœur, et que je ne t'oublie pas, et que je ne peux t'oublier, et que j'aurai le plus grand plaisir à t'embrasser. — Si je voulais comme toi t'envoyer des réprimandes en poste, je te dirais qu'il y a des gens dans ce bas-monde qui cherchent querelle aux autres quand ils ont tort. Mais S^{t}....., puisque tu ne fais rien, — pas même d'héritiers — que ne viens-tu me voir à Bayreuth, dans le beau château du défunt Margrave. Je ne suis pourtant plus qu'à 60 lieues de Mayence. On va de Paris à Mayence en quatre jours et tu ne viens pas même me souhaiter bonne année? Que fais-tu donc? Tu danses, peut-être? Mais on danse aussi à Bayreuth! On y rit, et nos belles dames et nos jolis officiers y jouent la comédie. Si tu n'arrives pas, j'irai te chercher bientôt, car il faudra bien qu'enfin il me soit permis d'aller embrasser tous ceux que j'aime à Elbeuf. Crois donc que je te désire ardemment et que ce n'est pas ma faute, mais le fatal destin, qui me ballotte depuis tantôt vingt ans et me retient toujours malgré moi loin de mon cher Elbeuf, et de la retraite que j'aspire.

Monsieur le Maréchal, qui m'avait promis un congé après la fête de l'Empereur, me dit alors que ce serait après les manœuvres d'automne; après cela, nous descendîmes en Silésie; on croyait que les Autrichiens voulaient encore tenter le destin des batailles : ce n'était pas le moment de demander à aller en Normandie; et puis, j'eus un commandement en Silésie et puis me voilà venu à une nouvelle division, où il faut que je me mette au courant. Mais veux-tu parier trois aunes de ruban rouge contre un joli collier que nous nous verrons sous deux mois? Alors, je t'embrasserai de si bon cœur que tu ne m'appelleras plus un père indifférent. Et qui donc aimerais-je, si je n'aimais pas ma fille unique? ma bonne Laure, auprès de laquelle j'aimerais à défiler le chapelet de mes derniers jours? N'as-tu pas tout ce qu'il faut pour être aimée? Si je ne te vais pas voir plus souvent, j'en suis le plus à plaindre. Mais que faire? Il me faut gagner une retraite, qui assure mon repos à venir. J'ai eu le bonheur de mériter la bienveillance de M. le Maréchal duc d'Auerstaedt. Il m'a dit de suivre ses conseils et de n'être pas inquiet sur mon avenir. Il a toute la confiance de l'Empereur. Il faut donc que je fasse sa volonté afin de pouvoir vivre et mourir honorablement, sans être à charge à personne.

Conserve ta belle santé, sois toujours contente.

Embrasse ton mari mille fois par jour (il n'y a de vrai plaisir que l'amour) et aime-moi aussi comme ton bon père, et mes vœux auront été écoutés.

En attendant le congé. — A son gendre.

Bayreuth, ce 1er mars 1809.

Mon cher Maille, je prie M. le Capitaine de Saint-Pierre qui va de Bayreuth en Normandie, où il a sa famille et son bien, de passer par Elbeuf et de te dire combien j'ai envie de le suivre bientôt, et d'aller enfin vous embrasser tous. Ce plaisir dépend des Autrichiens. S'ils restent en paix ce printemps, nous nous verrons et je pourrai goûter la joie de revoir ma mère et mes enfants et tous mes amis. M. de Saint-Pierre est venu ici pour se purger d'une accusation qui a tourné à son avantage, puisqu'il a été acquitté à l'unanimité du Conseil de guerre de ma division. J'ai eu le bonheur d'adoucir son sort autant qu'il a été en mon pouvoir et je ne lui ai demandé, pour reconnaissance, que de passer à Elbeuf en allant à Pont-Audemer où habite Madame sa mère.

Tu me feras plaisir de lui donner une fricassée de poulet et un gigot de mouton, sans oublier la bouteille de Beaune, que je ne puis, hélas! partager encore. — Si par hasard tu as hérité de quelques bouteilles d'Amfreville, garde-les pour moi et nous les boirons à la mémoire de M. Duval, que j'honore toujours. — Tu m'as recommandé M. le Came et ta recommandation serait exaucée si je pouvais l'avancer, mais, en temps de paix, les avancements sont morts, puisque les titulaires des emplois vivent. A l'occasion, je n'oublierai pas ton protégé; je lui ai dit plusieurs fois et je viens de lui répéter il y a une heure que, lorsqu'il apprendrait la retraite d'un capitaine de son régiment, qui sera trop vieux, ou infirme, pour continuer de servir, il doit me le dire et qu'alors, je tâcherai de lui faire obtenir son rang. Tout ce que j'ai pu faire pour lui, c'est de lui ouvrir ma maison où il est bien reçu tous les jours et où je lui fais faire sa partie avec de jolies femmes (car je les aime toujours beaucoup). Il dîne aujourd'hui chez moi avec Saint-Pierre et nous allons parler du pays. Sois certaine que, lorsque je pourrai faire mieux pour lui que de lui donner un potage et une gigue de chevreuil, je le ferai pour toi et pour lui, car c'est un bon enfant.

Tu devrais bien venir me chercher avec ta charmante femme. Cela vous ferait peut-être bien de changer d'air. Tu sais que l'on va quelquefois deux au bois... etc.

Eh bien, il y a beaucoup de bois dans cette principauté et il ne faut que quatre jours pour venir de Paris à Mayence. Viens à Mayence et tu y trouveras une bonne voiture fermée, à quatre chevaux, qui t'amèneront lestement ici et peut-être irai-je moi-même t'y chercher.

A propos de voiture, je te dirai que je viens d'en gagner une, excellente, à la loterie. Quand je dis que je l'ai gagnée, cela veut dire que je n'en ai gagné que la moitié, et mon brave général de division, à qui l'autre moitié appartenait, me l'a donnée. Ainsi, tu peux compter que je te l'enverrai à Mayence, si tu veux venir.

Embrasse tous les amis pour moi. Je n'ose plus leur écrire après les vaines promesses que je leur ai faites de venir les visiter, mais que ma soupe me brûle la langue aujourd'hui si c'est ma faute. J'aimerais tant à me revoir sur le quai d'Elbeuf et surtout à l'heure de l'arrivée du bateau, car c'est un des beaux spectacles du pays et vraiment digne de tous mes regrets. N'y pensons pas; l'arrivée de Monsieur le Maréchal décidera mon sort.

Donne deux jolis baisers pour moi à ma bonne Laure et crois que je veux toujours t'aimer, de cœur et d'âme, en bon père.

Est-ce la guerre? — Des cadeaux.
A sa fille.

Bayreuth, 1er mars 1809.

Ma chère Laure, je me suis rapproché depuis Tilsitt de 300 lieues de toi et de tous ceux que j'aime et pourtant je n'en suis pas plus heureux puisque je ne puis vous voir. J'éprouve toutes les contrariétés de Tantale, quand je pense qu'en huit jours bien employés, je pourrais être rendu à Elbeuf. Tantôt c'est un obstacle qui m'arrête et tantôt un autre. Aujourd'hui, c'est l'Autriche qui semble appeler notre tonnerre sur elle. Les immenses préparatifs de guerre qu'elle a faits nous tiennent en suspens par ses bonnes ou mauvaises dispositions et, quoiqu'elles ne soient probablement que des démonstrations inutiles, je n'en suis pas moins enchaîné à Bayreuth. J'ai cependant l'espérance, d'après nos rapports, que ses vains efforts accoucheront d'une souris et qu'elle sera forcée à faire ce que notre Empereur veut, sans tirer une amorce. En attendant, nos chasseurs gardent les frontières de la Bohême, qui n'est qu'à quelques lieues d'ici, et les uhlans ennemis se gardent de leur côté. Ce n'est pas le moment de demander à s'éloigner d'eux. Si la guerre éclate, nous aurons le plaisir de tirer les premiers coups de canon.

Monsieur le Maréchal est à Paris. Si son retour ne nous annonce que des choses pacifiques, alors je galoperai à Elbeuf, où j'arriverai avec les hirondelles et les beaux jours et j'aurai la joie de t'embrasser ainsi que ma bonne mère et ma bonne sœur et toutes les bonnes personnes qui m'aiment un peu. Je mérite en conscience de l'être beaucoup, car je crois être une des meilleures gens du monde.

Je t'envoie d'abord un collier, un peigne et des boucles d'oreilles assortis qui te prouveront que j'ai pensé à toi en Silésie. Si tu veux faire monter ces objets, je serais bien aise de t'en voir parée. — En déroulant le paquet, les cinq premières médailles doivent composer le peigne; ensuite, tu en trouveras quatre petites pour boucles d'oreilles et un taureau pour fermoir du collier, que tu dérouleras le dernier et qui est composé de neuf médailles, non compris le fermoir. J'ai choisi ce collier semblable à celui de Madame la Maréchale Duchesse d'Auerstædt. Les médailles doivent être cerclées en or et jointes l'une à l'autre par des chaînettes d'or, ou, si tu veux des petites chaînes d'anneaux noirs bien petits, petits, ce qui serait plus joli que l'or et plus analogue aux médailles.

Je t'envoie encore une comédie de ma façon, qui a été jouée le 15 août dernier, jour de la naissance de l'Empereur, sur le grand théâtre de Varsovie, devant cinq à six mille personnes. Tu y trouveras beaucoup de corrections à faire, mais il faut que tu saches qu'elle a été faite, apprise, répétée et jouée en quinze jours. J'étais encore à la fin de juillet chez M. le Maréchal, à la campagne, lorsqu'il me proposa de faire une pièce pour le jour de la naissance de l'Empereur, et je l'ai bâclée aussitôt. Tu la verras; s'il y a quelque chose qui vaille, je le dois aux bons avis que Mad[e] la Maréchale m'a donnés. Elle est aussi spirituelle que belle et bonne. Elle a emporté l'ouvrage à Paris pour le montrer à l'Empereur; tu le jugeras et tu me diras s'il y a l'ombre de sens commun dans mes trois actes. Tout ce que je puis te dire, c'est que nos amateurs ont voulu le donner le dimanche gras à Bayreuth et qu'il a fait pleurer les belles dames allemandes comme il a fait pleurer les belles dames polonaises et notre Maréchal lui-même! Heureusement, à Varsovie, j'avais d'excellents acteurs parmi les amateurs. Que ne viens-tu ici? Tu animerais nos plaisirs et tout le monde te fêterait. M. de St-Pierre te dira que j'ai de quoi te loger dignement dans mon château, qui est celui du dernier souverain du pays, ni plus ni moins. Viens donc me chercher et tu danseras le lendemain de ton arrivée.

A présent, il faut que je finisse comme j'ai commencé par te dire que je t'aime de tout mon cœur et je vais prier ton mari de t'embrasser comme je t'aime. Adieu, ma bonne et chère fille.

Devant Vienne. — A sa fille.

Josephstadt (faubourg de Vienne),
10 mai 1809.

Ma bonne Laure, me voilà dans le faubourg de la capitale de l'Autriche et je serais dans la ville si les bourgeois malhonnêtes ne m'en eussent pas fermé la porte; mais, laisse-les faire, laisse-les faire. L'Empereur saura bien l'ouvrir à grands coups de canon, s'ils ne lui en apportent pas demain les clefs. Ils faudrait qu'ils fussent enragés pour l'exposer aux horreurs de l'incendie et du pillage en se laissant prendre d'assaut, sans compter les accidents qui pourraient en résulter pour les belles dames, — et même pour les laides, car, dans ces moments-là. le soldat n'y voit goutte.

Quoi qu'il en soit, je me porte bien et je reste tranquille comme Baptiste jusqu'à ce que la ville soit prise ou rendue. Tu sais très bien que ce n'est pas la cavalerie qui monte à l'échelle pour prendre une ville d'assaut. Tout le petit passe-temps que nous pouvons espérer, c'est de sabrer ceux qui se défendraient dans la ville et de les culbuter dans le Danube, quand les portes seront brisées. En attendant, l'empereur d'Autriche a opéré sa retraite, de sa personne, et c'est le nôtre qui occupe son palais de Schœnbrünn.

Si jamais tu devenais reine, je te conseille de recommander la paix au roi ton époux; mais, si tu es d'humeur belliqueuse, viens voir le pays ennemi que nous venons de traverser et tu en changeras d'humeur. C'est une désolation générale. Apparemment, on a dit aux habitants que nous mangions les hommes tout crus: ils ont tous fui leurs maisons et je puis dire que, depuis 80 ou 100 lieues, je n'ai pas vu six paysans: nous ne pouvons trouver un guide quand nous en avons besoin. Heureusement, la victoire nous en sert. Il n'y a pas une habitation qui ne soit retournée par la main des malheureux pillards, et puis le fléau du feu complète la ruine du pays. Voilà ce que le souverain d'Autriche a attiré sur une très belle contrée qu'il pouvait rendre florissante et heureuse. Le nôtre, plus magnanime que Charlemagne, qui brûla Vienne, l'épargne encore! il aime mieux la réduire que la détruire : mais gare à elle, si elle persiste dans sa folie; on cherchera la place où elle exista, et l'on pourra à peine dire d'elle, comme de Palmyre et de Babylone et d'un château de Robert le Diable: « Ici fut Vienne ».

Je voudrais qu'elle pût être conservée pour t'y recevoir dans le plus bel appartement d'un des meilleurs hôtels, si enfin tu veux répondre à mon invitation de venir me voir; je suis aujourd'hui dans un petit palais dont les salons sont très bien décorés et dont la cuisine est très froide. J'aimerais fort à manger aujourd'hui ton gigot et tes côtelettes. Depuis la guerre, nous vivons tantôt bien, tantôt tristement, mangeant quelquefois sans faim, pour la faim à venir, et quelquefois n'ayant rien à manger quand elle arrive. Martin Maringuet, citoyen actif d'Elbeuf, qui est depuis bientôt deux ans mon chambellan et mon maître d'hôtel, m'annonce qu'il n'a pas même de pain. Il va en chercher par-ci, par-là. Heureusement, j'ai bien soupé hier avec le général Le Suire, qui a acheté Bissy, près Vernon, où je te mènerai un jour, si tu es bien sage.

Tu sais que je suis maintenant avec les cuirassiers, autrement dit les gros frères : ce sont des lurons qu'on ne peut pas battre : nous avons battu les ennemis de l'Empereur pendant quatre jours de suite, d'abord auprès de Rohr, où nous avons pris dix fois plus d'Autrichiens que nous n'étions de cuirassiers, sans compter chariots, canons, drapeaux. J'ai pris, pour ma part, un bataillon autrichien, officiers et soldats, qui venait de nous canarder et qui demandait pardon aux cuirassiers. Et moi aussi je demandai qu'on leur pardonnât. Le lendemain, nous avons encore bousculé l'archiduc Louis dans Landshut. Le lendemain, nous avons bousculé l'archiduc Charles, d'Eckmühl sur Ratisbonne. C'est là que j'en ai entendu siffler, des balles et des boulets! Tes bonnes prières m'ont sans doute sauvé. Les généraux Servoni et Clément n'ont pas été si heureux : l'un a été tué derrière moi, et l'autre a reçu six ou sept blessures, et moi une seule balle morte au pied. Nous avons poursuivi l'ennemi jusqu'à dix heures du soir, et nous avons eu le doux plaisir de chasser devant nous les cuirassiers de l'Empereur d'Autriche, qui s'étaient promis de nous ramener jusqu'au Rhin. Nous sommes trop polis pour le permettre, et nous les avons reconduits jusqu'à Vienne, et s'ils ne coupent pas le pont, nous pousserons la civilité plus loin.

J'ai enfin trouvé cette nuit un chalit dans une maison dévastée, et comme je me faisais un plaisir de m'y étendre, on est venu me le demander pour le colonel Saxe, du 14e chasseurs, qui était blessé au ventre. Je le lui ai cédé avec empressement. Le docteur qui l'a pansé l'a assuré que ce ne serait rien, — et quand j'ai ouvert son rideau, le lendemain matin, il n'était plus de ce monde. Son petit secrétaire, de 15 ou 16 ans, est entré, l'a regardé, n'a rien dit, a pleuré, et s'est en allé. Tu vois que toutes les scènes de la guerre ne sont pas gaies, même après une victoire. Aussi, gouverne tes Etats en paix, — quand tu auras des Etats.

Le lendemain, nous avons encore renversé dans Ratisbonne tout ce qui était devant nous, entre autres, les fameux uhlans qui ne valent pas leur réputation; et, comme je souffrais sérieusement, j'ai été obligé de reposer mon pied chez un certain prince abbé de Saint-Emerand, qui m'a nourri et désaltéré pendant quatre jours, après lesquels j'ai rejoint les gros frères, dont la marche n'a plus été qu'une course triomphante jusqu'ici. Voilà, ma belle Laure, le bulletin de nos exploits. Quant à mes profits, je t'avoue que j'ai aussi pris ma part du butin et que j'ai pillé sur le comte Pilati (je ne sais s'il descend de Ponce Pilate) dans son château de Listeneck, près Wells. J'étais arrivé d'assez bonne heure, pour profiter, par un beau soir, de la promenade dans son parc. J'ai aperçu une serre dévastée où j'ai pillé un bouquet de ravenelles, de giroflées et de résédas, sans oublier une rose; mais qu'ai-je vu presqu'enseveli dans un tas de mousse? Deux vieilles femmes, deux vieillards et une jeune fille qui craignaient la furie du vainqueur, quoiqu'au fait, il n'y eût rien à craindre, au moins pour quatre d'entre eux. Ils mouraient de faim. J'ai été voler un gros pain à mon secrétaire, qui m'aurait grondé s'il m'avait vu (car il craint toujours de manquer de mangeaille) et je l'ai porté furtivement aux affamés, comme si je faisais une méchante action, mais n'est-ce pas que celle-là me portera bonheur? En voici déjà la preuve : le Martin Maringuet fait son entrée avec vingt-quatre petits pains et une poule d'un certain âge; nous dînerons donc encore aujourd'hui; ainsi, sois tranquille et écris-moi que tu m'aimes toujours, quoique je m'éloigne toujours de toi.

Nous devons passer ici la revue de l'Empereur. J'espère que cette campagne me sera avantageuse : Sa Majesté m'a vu partout et m'a même donné des ordres ainsi que le Prince de Neuchâtel. S'il augmente ma petite fortune, que je serai heureux de vivre encore quelques belles années près de toi et des nôtres.

12 mai matin. — Ma lettre ne part que demain. Vienne s'est rendue tout à l'heure et elle a bien fait. A présent, nous nous canonnons pour rétablir les ponts que la prudence des autres chiens a brûlés. Adieu, ma belle Laura.

Fais dire à ton confesseur les prières de l'agonie pour la Maison d'Autriche; il n'y a pas un moment à perdre. Ça va mal, ça va mal. Elle est abandonnée des médecins.

A propos, on dit que les femmes sont jolies à Vienne, et je te quitte pour y faire mon entrée.

Après Essling. — A sa fille.

Vienne, le 27 mai 1809.

Ma chère Laure, tu seras bien aise de savoir que je n'ai pas voulu être tué le 21 ni le 22 de ce mois dans les deux batailles que nous avons données aux Autrichiens pour nous désennuyer le jour de la Pentecôte et le lendemain, pendant que tu te promenais sur le Cours de la ville d'Elbeuf, avec ta robe lilas et ton chapeau jonquille.

J'ai seulement attrapé le second jour une égratignure à la jambe, que je dois à une balle autrichienne. C'est ce qui me procure le temps de t'écrire à mon aise, dans un bon lit, où mon chirurgien-major me cloue seulement pour une dizaine de jours encore. Que le diable emporte, — non, — que le bon Dieu bénisse le chirurgien-major. Au reste, je dors, bois et mange bien chez Monsieur le Comte Razumowski qui m'héberge et qui possède un cuisinier français très succulent, artiste très renommé dans la république des fricassées et des ragoûts sans oignons. Tu vas croire que je suis devenu gourmand; mais, ma chère fille, si tu avais mangé du cheval sans pain dans une île déserte du Danube, dans laquelle il y avait soixante mille hommes, — si, depuis huit jours, tu n'avais eu pour régal que du bœuf maigre et coriace, est-ce que tu n'aimerais pas avoir une table couverte du linge damassé, de la porcelaine et de l'argenterie d'un comte Razumowski, et, surtout, des mets angéliques de son cuisinier? Les côtelettes de Véry, les canards aux navets de Robert, les gigots à la braise de Beauvilliers, les chapons au gros sel de Grignon ne sont pas plus tendres, plus savoureux, plus célestes enfin que ceux dont on couvre ma table et c'est pourquoi j'ai beaucoup de visiteurs à l'heure des repas.

Aujourd'hui, j'ai entre autres le plaisir de régaler Flavigny, à qui je dois de la reconnaissance pour m'avoir logé trois jours dans son écurie. Il faut que je te conte comment cette bonne fortune m'est advenue. — Après avoir reçu mon atout à la jambe, le 22 à midi, tandis que tu disais très probablement l'*Angelus* à Elbeuf, je m'en revenais assez sottement sur mon triste cheval, blessé au cou par une vilaine baïonnette et dont la tête baissée semblait se conformer à ma triste pensée. J'avais déjà repassé deux bras du Danube, par une chaleur torride, quand je trouvai le troisième pont du Danube cassé. Heureusement, le colonel Ferodi, du génie, qui était chargé de le faire réparer, se ressouvint qu'il y a deux ans et demi je l'avais amené de Mayence à Berlin dans ma voiture, et me procura une barque, dans laquelle je traversai le dernier bras du Danube, avec le brave général Saint-Hilaire, beaucoup plus blessé que moi, à la jambe aussi. Je laissai mon cheval à la garde d'un cuirassier, et me voilà de l'autre côté, sans domestique, sans chevaux, sans chirurgien, sans pain, et sans cidre de Vraiville, et sans vin d'Amfreville. Je m'étais jeté le long du rivage sur un tas de foin où mon bon ange m'envoya d'abord trois jeunes soldats, qui me firent boire chacun du vin de leurs cruches. Il n'y avait pas moyen de les refuser, et, si je les eusse crus, je les aurais vidées. Il faut te dire que les frères d'armes en avaient des tonneaux pleins, qui ne leur avaient pas coûté cher. Je regardais tranquillement couler l'eau, en vrai philosophe blessé, quand j'aperçus deux officiers à quelques pas de moi, qui ne me regardaient pas, mais je reconnus Flavigny pour l'un d'eux, et je lui criai : « Comment vous en va, Monsieur Flavigny! » Il eut bientôt vu que j'étais son oncle d'Elbeuf, et nous nous embrassâmes, comme on s'embrasse après 28 mois de séparation. Je fus conduit dans la partie d'un hôtel qu'il occupait, qui consistait en une remise et une écurie; il m'amena son chirurgien gascon, qui me pansa en me faisant des histoires : il était heureux que je fusse blessé parce qu'il avait beaucoup entendu parler de moi et qu'il était bien aise de me guérir. Je me trouvai donc comme un coq en pâte avec Flavigny, quoique nous n'eussions ni couteaux, ni fourchettes, ni verres; mais nous avions du pain, de la viande et du vin, et, avec cela, on peut se passer de serviettes.

Cependant, j'envoyai à Vienne faire mon logement, et, comme blessé, j'en ai obtenu un excellent : il a fallu dire adieu à la vie luxueuse que je menais chez Flavigny, ainsi qu'à la paille de son écurie, parce que les bonnes choses ne peuvent être de longue durée et me voilà réduit à un lit de six pieds carrés, dans lequel il n'y a que trois matelas, en attendant que je couche dans un sillon, comme dans la nuit du 21 au 22. Des lits de damas ou la terre nue, du vin de Tokay ou de l'eau sale, du cheval coriace ou des petits poulets de grain, voilà nos alternatives à nous autres, amants de la gloire. Quelle cruelle coquette que cette maîtresse-là! Elle nous appelle sous ses étendards au son des trompettes, et puis, elle nous reçoit avec de gros vilains boulets de fer, ou des petites balles plus mignonnes, qui n'en coupent pas moins la respiration du héros, qu'elles l'atteignent à la gorge ou au scrotum. Oh! que n'ai-je cent mille bras comme les anciens géants, pour conquérir la paix et ramener notre glorieux Empereur à Paris, et l'y déposer au milieu de son bon peuple, et prendre le courrier de la malle jusqu'à Pont-de-l'Arche et cheminer à pied le long des communes de Criquebœuf, et Martot et Caudebec, et baiser le premier orme du Cours, et descendre la rue de la Barrière jusqu'au toit paternel, après avoir serré la main à Joseph Delacroix, et embrasser ma bonne mère et ma bonne fille, et ma bonne sœur, et tous les bons miens parents et amis! Je ne demanderais plus rien alors aux dieux de l'Olympe. Est-ce qu'il reviendra, ce beau jour-là? Nous voilà lancés dans une guerre terrible. Les deux dernières batailles le prouvent assez. J'ai vu pendant deux jours 250.000 hommes aux prises qui ne s'épargnaient ni coups de sabre, ni coups de baïonnette, ni coups de canon, et qui, pourtant, ne s'étaient jamais vus; comme si la fièvre et les médecins ne suffisaient pas pour dépeupler la taupinière où nous vivons!

Nous nous préparons à frapper un dernier coup, qui sera ferme; j'espère que je serai guéri assez tôt pour y prendre part et que j'en reviendrai avec mes oreilles, ou, au moins, sans un horion trop fatal. C'est sans doute à tes bonnes prières que je devrai ce bonheur, car le Ciel ne peut rien te refuser; je te l'ai déjà dit.

Flavigny a vu plusieurs compatriotes, après le 22, qui se portaient bien; entre autres, le jeune Delamane, tapissier, Emery Cardor, un autre de Saint-Aubin dont je ne sais plus le nom. Il a aussi vu le fils de Monsieur Joseph Godet, de Rouen, que j'aurais aussi désiré rencontrer. Malheureusement, Elbeuf aura à pleurer quelques-uns de ses enfants, tombés dans la grande lutte qui a eu lieu le 21 et le 22. Au reste, je n'en sais rien positivement, et il est possible que notre patrie n'ait pas souffert.

Il paraît que tu ne veux pas que ta postérité soit tuée à l'armée. Comment, Laure, mariée depuis trente mois, et je ne trouverai pas un petit Louis ou une Laurette à bercer dans mes bras à mon retour,... si j'ai le bonheur de revenir... et à promener au Vallot ou dans les prés, comme je t'ai portée il a dix-huit ans? Va donc en pèlerinage à Sainte-Radegonde ou à Sainte-Clotilde! Ton mari n'osera pas lever les yeux devant moi. Voilà pourtant comment se perdent les plus brillantes réputations! A présent, à qui se fiera-t-on?

J'ai écrit, il y a trois jours, à ta tante Flavigny, ainsi que son fils. Elle t'aura sans doute fait savoir que je respire encore le bon air de ce monde. Fais-lui dire aussi, si tu ne la vois pas en personne, comme je t'en prie, que je vais de mieux en mieux, et que son cher fils est gaillard et dispos. Je l'attends avec une bonne soupe, et nous allons encore nous en donner et parler d'Orival et de la Saussaye, et de la place du Coq, et de la tour de Saint-Jean, et de toutes ces jolies choses qu'Elbeuf renferme, parmi lesquelles il faut te compter, car je crois que tu es encore la belle Laure.

Adieu donc, la belle Laure. Va dire à ma bonne chère mère que je pense souvent à elle et que je voudrais bien la serrer et la soutenir dans mes bras. Dis à ton Louis que j'espère qu'il se porte bien et qu'il ne maigrit pas. Embrasse-le pour moi si tu trouves un intervalle entre tous les baisers que tu lui donnes, pour en placer un pour mon compte. Mes respects sont offerts à tes dames et mes amitiés aux vieux bons amis avec qui je voudrais bien vieillir aussi. Adieu encore, ma chère fille. Je t'aime et t'embrasse en bon papa.

En route pour la Normandie ! — A sa fille.

Milano, 6 juin 1810.

Ma chère Laure, je te préviens que je t'embrasserai dans six semaines, vers le 20 juillet. J'ai reçu un congé, enfin! Et je pars demain par le Simplon, la Suisse. Mais comme je voyage avec mes chevaux, il me faut six semaines pour avoir le plaisir de te voir sans doute aussi jolie femme que je t'ai laissée jolie demoiselle. J'ai reçu, longtemps après sa date, une lettre que tu m'as fait l'honneur de m'écrire.

Embrasse ton cher mari pour moi et dis-lui que je l'embrasserai moi-même du meilleur cœur. Je ne t'en écris pas plus long; je suis pressé et encore étourdi d'avoir dansé trois jours sur les vagues du lac de Côme. J'ai dit adieu de bon cœur à mon département de la Valteline. C'est un bon gouvernement pour un militaire qui aime les châtaignes, le blé de Turquie, les ours, les taupes et les marmotes. Je vais voir la Suisse et j'en suis bien aise : j'aime les bonnes gens. Adieu, ma bonne fille, je t'embrasse encore une fois avec ton cher mari. Adieu jusqu'au 20 juillet.

Envoi de poésies à Mad[e] Frigard, sa belle-sœur.

Paris, 15 mars 1811.

Ma très aimable Dame,

Je prie votre cher fils de remettre en vos mains un paquet dont il veut bien se charger; il contient vingt exemplaires d'un poème que j'ai eu l'honneur d'offrir à Sa Majesté l'Impératrice. Je vous en envoie un exemplaire, que je vous prie de juger avec indulgence, parce que j'ai été un peu pressé par les circonstances. Je craignais que Sa Majesté n'accouchât avant moi et j'ai voulu être le premier prêt.

Je vous serai obligé de distraire du paquet votre exemplaire, celui de Mad[e] Ancel, de Mad[e] Lemaître, de Monsieur Petou, de Monsieur H. Delarue, et celui de Monsieur Frontin et de faire mettre sous les mêmes cartons les quinze autres exemplaires que je vous prie d'adresser à Monsieur Joseph Flavigny, à Elbeuf, qui les distribuera à mes amis. J'ai compté assez sur votre amitié pour vous proposer cet embarras : je suis si occupé en ce moment que je n'ai pu écrire à toutes les personnes de Louviers à qui j'envoie mon ouvrage. Je vous charge aussi de m'excuser auprès d'elles. J'espère aller vous en remercier ce carême.

J'ai l'honneur de vous saluer très respectueusement.

D. D.

Quel beau temps pour aller faire des charades dans les bois d'Argeronne!

Votre cher fils, que je n'ai pas assez vu ici, va venir déjeuner avec moi, s'il me tient parole.

Séjour à Paris. — A sa fille.

Paris, ce 18 dimanche (1811).

Ma bonne Laure, ta lettre m'a fait un véritable plaisir, d'abord parce qu'elle était tout aimable, et puis encore parce qu'elle était longue et je ne voudrais jamais arriver à la fin de tes épîtres. J'ai vu ton cher Louis, mais il est un peu rare et c'est parce que j'aimerais à le voir souvent que je crains que ses affaires ne l'entraînent hors de mon quartier. J'ai passé trois ou quatre fois déjà à son hôtel d'Europe, sans avoir le plaisir de le rencontrer. Je viens d'y laisser une invitation pour dîner demain avec moi, dans mon nouveau logement, car je ne suis pas de ceux dont parle Brunet, qui vous invitent à dîner quand ils pendront leur crémaillère et qui ne déménagent jamais. J'aurai aussi Ancel et nous tâcherons de rire. Mais, ce qui est certain, c'est que nous boirons à ta belle santé. J'ai été bien fâché de ne pas te voir tomber à Paris avec ton mari. Je l'espérais encore. Les jolies femmes changent quelquefois d'avis! — J'aurais mieux aimé ne pas savoir que tu devais venir, et que tu avais fait ensuite des réflexions sages, qui t'avaient arrêtée. Tu es bien folle d'être sage de cette manière; je t'aurais accompagnée avec grand plaisir aux promenades et aux Musées, pendant que le cher Louis aurait travaillé et nous aurions dîné chez le céleste Véry ou le divin Beauvilliers ou les succulents frères provençaux ou à la charmante Roche de Cancale. Cependant, j'entends dire que tu pourrais bien venir chercher ton cher mari et c'est autant de bon temps pour moi que de l'espérer. J'irai te prendre, si tu veux, dans ma voiture à Saint-Germain, ou plus loin, si cela t'amuse; parle et je ferai tout ce qui te plaira.

Les robes de mérinos aurore sont charmantes cette année.

Delarue te dira que j'ai fait fabriquer le chapeau jaune et bleu d'après mon goût; mais comme j'ai craint qu'il n'eût pas l'heur de te plaire, j'y en ai joint un autre qu'on me disait galant, mais qui me plaisait moins que le mien.

D'Aguila te remercie de ton gentil souvenir et de ton attention à garder ses anciens cadeaux. C'est un bon garçon, toujours le même; je l'aime toujours comme j'aime mes anciens amis.

Je suis bien aise de t'avoir amusée un moment

avec les lamentations sur la mort de ce pauvre Fox que nous avons tous tant regretté et dont nous parlons tous les jours avec attendrissement. Je lirai demain à ton mari son oraison funèbre. Si elle l'amuse, il te l'enverra: elle est encore plus bête que l'épître.

Caroline te dirait mille choses aimables, si elle ne dormait pas: elle a été au bal cette nuit.

Adieu, ma bonne chère fille, je t'embrasse de tout mon cœur; viens donc à Paris et tu me trouveras tel que tu m'as vu il y a un mois, ton bon père.

En route pour la guerre. — A sa fille.

Cologne, ce 25 décembre 1811.

Je te la souhaite bonne et heureuse, ma chère Laure, avec une longue continuation des félicités terrestres et je demande que tu attendes encore au moins soixante ans les ineffables jouissances célestes. Ces vœux te sont communs avec ton cher Louis. Je serai bien charmé d'apprendre que vous vous portez bien, que vous êtes toujours contents et que vous mangez quelquefois des huîtres. Pour moi, je ne manque encore de rien; je dîne aujourd'hui chez le maire; ce soir, on danse: demain, je déjeune chez un pâté de foies de Strasbourg; je dîne chez le général Paultre et je soupe chez un bourgeois, etc.

Je voudrais toujours que tu vinsses passer quelques mois dans ma solitude. Tu me ferais plaisir et tu pourrais danser deux ou trois fois la semaine; mais tu as trop à faire à Elbeuf. En effet, tu travailles tant!

Demande à ton mari s'il a des nouvelles des deux morceaux de papier que je lui ai remis. A-t-il eu quelques nouvelles à cet égard des environs d'Evreux?

Dis-moi, as-tu lu mes vers pour Fox? Flavigny les a-t-il copiés comme il me l'a solennellement promis. Je sais le nombre des vers; s'il en manque un dans la copie, je serai fâché.

Mais cela ne m'empêchera pas de t'embrasser de cœur et d'âme quand j'aurai le bonheur de te revoir; en attendant conserve ta belle santé, pense quelquefois à la joie que j'aurai d'embrasser un héritier de ma chevalerie. Ecris-moi que tu m'aimes bien; dis encore à ton mari que je souhaite qu'il n'ait point de contrariété dans son commerce, qu'il faut qu'il vende comptant. — Dis-lui que je vous aime bien tous les deux et que je suis de tout cœur votre bon ami et père.

En campagne. — A sa fille.

Au bivac sous Swantziani, en Lithuanie,
le 4 juillet 1812.

Je profite d'un jour de séjour pour écrire à ceux que j'aime; ainsi ma chère fille ne peut être oubliée: il y a longtemps que je veux me donner ce plaisir et je n'ai jamais eu assez de temps pour m'y livrer. Je ne t'ai point écrit de lettres parce que je voulais t'en écrire de longues; j'ai une longue épître dans le cœur, pour toi, depuis plusieurs mois. Enfin, j'accouche, mais dans quel lieu! — Dans une écurie sans toit. Je viens de manger une bonne soupe de la façon de Pierre (fils du sieur Cadoret). C'est un garçon unique; il y avait, à la vérité, quelques corps étrangers dans la susdite soupe, tels que charbons, fétus, etc., mais on n'y regarde pas de si près au bivac de Swantziani. — J'en reviens aux talents de Pierre : il sait tuer et dépecer moutons, cochons et bœufs, faire des malles, charger des voitures, les conduire, et me faire encore la queue, sans compter beaucoup d'autres talents subalternes.

Quel pays que cette Lithuanie russe et redevenue polonaise que nous avons fait 600 lieues pour conquérir! C'est une immense forêt de pins (nous aimerions mieux du pain); il y a quelques coins de terre défrichés qui produisent du seigle. Les villages sont composés de quelques mauvaises cahutes en planches et les villes les plus belles, excepté Vilna, la capitale, ne valent pas, à beaucoup près, Vraiville qui serait ici une ville de second ordre, au moins. Je ne sais s'il y a jamais eu des habitants dans le pays, mais nous n'en voyons point. Les Russes nous font une drôle de guerre; on ne peut pas dire qu'ils fuient, mais bien qu'ils se retirent devant nous, depuis dix jours, avec l'attention de brûler tous les magasins, pour nous affamer, et de casser jusqu'aux ustensiles qui pourraient nous servir. Néanmoins, je ne meurs pas de faim; je bois un coup avec l'un, je mange un morceau avec l'autre, et, somme totale, je ne manque de rien, grâce aux amis, — et puis, Pierre me donne des tartines de beurre pour m'endormir sur ma paille.

Depuis que j'ai passé le Niémen, le jour de Saint-Jean, je ne crois pas être entré dans une maison, excepté pour aller chez le roi de Naples, qui nous commande, — et je ne m'attends pas à coucher dans un lit avant Pétersbourg, où nous serons le jour de la naissance de l'Empereur, c'est-à-dire à 800 lieues d'Elbeuf, où j'espère encore me voir l'hiver prochain, car j'espère bien que la paix sera glorieusement conquise dans deux mois au plus tard; ainsi, prépare des huîtres.

Voilà Pierre qui arrive avec des provisions de sel, de lard et de farine qu'il a déterrées je ne sais où. Il semble qu'il avait des cachettes en Lithuanie.

Il est toujours content quand il a de l'avance, mais il est sensible à la faim et il faisait mauvaise mine l'autre jour parce que la cantine était vide : nous avons de si mauvais chemins sablonneux à traverser que nos voitures de vivres ont peine à suivre nos chevaux, et, quand elles n'arrivent point, mes gens vivent très légèrement. J'ai souvent volé la table du général Sebastiani pour les nourrir. J'ai fourré dans mes poches jusqu'à des canards rôtis pour les sustenter; il m'aime beaucoup, le général Sebastiani, car il a demandé seulement quatre faveurs pour moi : avancement, titre, honneur et dotation. Aussi, je l'aime comme du bon pain.

J'espère revenir assez heureux pour me reposer en paix, et te conter toutes mes campagnes, et mes bonnes et mauvaises fortunes. Si je suis jamais tranquille, je serai plus heureux qu'un autre, car ma pauvre vie a été presque toute errante, depuis vingt-trois ans, et souvent orageuse. Aussi, j'aspire après le repos. *Quemadmodum cervus ad fontes aquarum*, ce qui veut dire en français : comme le chat désire la souris. Je ne vois pas un site bien retiré dans des forêts et entouré de lacs et de montagnes, sans soupirer et sans me dire : « Oh! que ne puis-je vivre ici avec douze personnes à mon choix et être entouré d'un sol dévasté mille lieues à la ronde afin que personne autre n'y vînt! » Car j'ai tant connu les hommes que je crois que le mieux est de vivre loin d'eux. Mais tu serais sans doute de la douzaine réservée, avec ton bon Louis; je craindrais seulement que tu ne t'ennuyasses. Enfin, tu te décideras quand nous en serons là. Si tu ne veux pas venir dans ma solitude, j'irai encore, si tu veux, au milieu de ton beau monde, de tes bals et de tes sociétés, pour t'y voir, t'y aimer et me dire « voilà ma fille! »

Tu peux être bien sûre qu'on peut aimer tendrement les gens sans leur écrire souvent, car c'est ainsi que je t'aime, malgré ma paresse. Paresse est un peu le mot entre nous fort dit. Autrefois j'écrivais sans cesse; mes doigts se sont raidis; il n'y a que mon cœur qui est toujours le même et qui ne devient et ne deviendra jamais dur et égoïste. Tu seras toujours ma bonne et chère fille, et si nous vivons plus rapprochés, comme je le désire et je l'espère, tu verras que je suis aussi bon père que tu le désires. Dis aussi à ton mari que je suis bien content que tu sois sa femme, et que vous ne pouviez pas mieux choisir l'un et l'autre. Si je vais en France, comme je l'espère, cet hiver, vous me verrez accourir auprès de vous et vous embrasser de tout cœur, — et si je puis trouver une belle fourrure de zibeline en Moskovie, je te l'apporterai pour te parer encore et te sauver du froid au retour du bal.

A propos, as-tu encore ton tablier vert-pré? Il te sied à merveille. Tu es une élégante.

Nous sommes ici de drôles de gens; tandis que

quelques Cosaques tiraillent sur nos postes, nos trompettes sonnent des fanfares dans le camp.

Ce 6, au bivac entre Vidzy et Dongets...

Nous nous sommes battus hier contre dix régiments de cavalerie russe; nous les avons chassés devant nous. Sebastiani s'est couvert de gloire par une audace rare, qui aurait pu nous faire écharper et qui nous a fait vaincre. Je ne suis ni tué, ni blessé. Nous avons fait quelques centaines de prisonniers et nous en avons tué davantage. *Audaces fortuna juvat.* Dis à ton mari que nous avons attaqué en colonne par quatre, au débouché d'un pont, une ligne de bataille de dix régiments de cavalerie russe, parmi lesquels quelques-uns de la Garde de l'Empereur Alexandre. Cette cavalerie s'est déshonorée et nous en aurons bon marché; nous les avons joliment tapés. Vive l'Empereur!

Dernière lettre. — Quatre jours après, la Moskowa, ...la mort. — A sa fille.

A Ghjat, gouvernement de Moscou,
le 3 septembre 1812.

Je profite d'un jour de repos que l'Empereur nous donne aujourd'hui, ma bonne Laure, pour te dire que je t'aime toujours à Ghjat, comme si j'étais à Elbeuf, à manger des huîtres fraîches dans ta belle chambre. L'idée m'en fait venir l'eau à la bouche, car nous ne vivons pas magnifiquement dans cette Russie que nous conquérons à pas de géant! J'espère qu'un temps viendra où je verrai encore du pain blanc et où je pourrai boire autre chose que de l'eau. Au reste, je m'en trouve bien, et si mon gros ventre, qui commençait à me gêner, ne revient pas, tu ne me reconnaîtras pas. Je n'ai jamais été plus leste, même quand j'avais mes vingt ans et mon habit de callemande gaufrée couleur de paille, doublé de florence bleu lapis. Tu n'as pas d'idée comme je me croyais beau alors. Cependant, je trouvais encore des cœurs durs, qui me résistaient.

Je ne suis guère qu'à 800 lieues de toi, aux portes de Moscou, c'est-à-dire à 30 lieues du vieux siège de l'Empire moscovite. L'eûsses-tu cru? Je crois que nous y arriverons d'escarmouche en escarmouche sans bataille décisive et que nous y signerons la paix dans le Kremlin, l'ancien palais des czars ou tzars, comme tu voudras. Au reste, nous sommes prêts à nous battre, et notre armée n'en a jamais eu plus d'envie. Nous nous chamaillons tous les soirs avec l'arrière-garde ennemie, sans autre résultat que de la chasser devant nous. Ils ne se battent pas mal non plus et se retirent sans nous rien laisser. Ils brûlent tous leurs ponts, tous leurs villages sur notre passage, tous leurs magasins, emmènent tous les habitants avec eux, voire même les habitantes, que nous ne devons pas regretter, d'après le petit nombre que nous en avons vu. Elles sont laides comme le péché, et sales encore plus que les révérends pères capucins, de puante mémoire. Voici la seule ville que nous rencontrons que l'ennemi n'a pas eu le temps de brûler; il comptait y coucher quand nous y sommes arrivés brusquement; il n'a eu que le temps d'incendier le pont pour nous retarder. C'est une fort jolie ville, où il y avait dix mille habitants : il n'en reste pas un seul! Ils s'en vont tous avec leur armée. Quel embarras elle doit avoir! Le Sénat voulait que Moscou fût brûlée, mais on assure que les habitants ne le veulent pas et qu'ils aiment mieux s'en rapporter à la générosité de notre Empereur, — et, sans doute, ils ont raison. Les flammes de Smolensk les ont éclairés. Cette belle ville est presque tout en cendres et j'y ai vu ce que je n'ai jamais vu encore: tu ne le croiras pas, peut-être, mais Pierre Caloret le certifiera un jour. J'y ai vu des pommes cuites aux arbres et différentes racines cuites en terre par la force du feu. C'est un terrible garçon que ce Pierre. Il m'a donné, il y a quinze ou vingt jours, une fière alerte. Nous sommes restés douze jours sur les bords du Borysthène et Pierre (ce n'est pas Pierre le Grand, mais Pierre le Petit) et Pierre donc m'a manqué cinq jours entiers avec un domestique qu'il avait emmené avec lui à la maraude. Juge de mon inquiétude et du chagrin que j'éprouvai d'avoir une pareille nouvelle à écrire à Elbeuf. Car je le croyais au moins pris par les Kalmouks et les Cosaques qui rôdent jour et nuit autour de nos postes. J'en étais d'autant plus en colère que ledit sieur Pierre était parti contre mon ordre positif: enfin, il a reparu au bout de cinq jours avec une petite charrette remplie de cages où il y avait des poules, des lapins, des dindons et puis du lard, du beurre et je ne sais plus quoi; mais il avait perdu le domestique qui a été pincé par l'ennemi et il n'est pas aisé de remplacer ici les domestiques. J'ai puni Pierre en lui défendant de venir près de moi et de me parler, mais il m'a désarmé dès le second jour en me disant, avec le ton elbeuvien: « Mais pourquoi ne voulez-vous plus me parler? » Malgré ma grande colère, j'avais été fort aise de le voir reparaître. Au reste, sa conduite est maintenant exemplaire, et il se porte bien. Il est maintenant occupé à polir mes cuirasses et ne se doute pas que je fais sa sauce. Il a de quoi faire un excellent sujet, quand l'âge l'aura un peu mûri, car il est, au fond, bon enfant et encore avant-hier, il m'a apporté les rognons d'un cochon qu'il avait éventré la veille, à grands coups de sabre. Il est la terreur des moutons et volailles russes. Tu n'as pas d'idée comme la mauvaise et triste chose que nous faisons m'a rendu gourmand. Nous ne parlons, mes camarades et moi, que des restaurateurs de Paris, de Grignon, de Véry, de Robert, de Beauvilliers; nous arrangeons de superbes festins, souvent en mangeant du pain de seigle et buvant de l'eau, souvent mauvaise; car je crois que depuis le passage du Niémen, le 24 juin, j'ai bu trois fois du vin et j'ai couché une fois dans un lit, dans un castel d'où le roi de Naples nous a délogés encore de bon matin pour s'y mettre. C'est lui qui commande notre cavalerie : à lui tout honneur! Les fossés sont nos lits; quelquefois une grange; mais ne crois pas que j'y sois si mal! D'abord, Pierre me trouve toujours de la paille. Ensuite, j'étends une pelisse de peau d'ours; ensuite une courtepointe de Damas puce, et je me mets dessous une autre courte-pointe de soie jonquille que la lune pâlit toutes les nuits (où elle brille, j'entends). Mais, pour jouir de ce luxe, il faut que mes équipages arrivent et nous allons souvent à travers des forêts détournées où ils ne peuvent pas suivre, — et alors mon lit est moins luxueux. Pierre fait toujours de son mieux dans ces cas-là. Il est vrai que nous voyageons souvent hors des routes, comme des contrebandiers, par des voies détournées, le tout pour avoir la volupté de sabrer des gens que nous ne connaissons ni de Caïn, ni d'Abel. Au milieu de cette vie arabe, je te répète que je me porte à merveille et que je pense souvent à toi, et que je voudrais bien t'embrasser avec ton cher Louis; je ne compte pas sur ce plaisir avant l'été prochain, car il est déjà question d'hiverner en Ukraine. Si Moscou n'est pas brûlé, je tâcherai de te rapporter une fourrure pour l'hiver de 1813;

en attendant, tiens-toi bien chaudement en 1812 et pense quelquefois à moi qui t'aime plus encore que tu ne crois. Et écris-moi, et dis-moi que tu me feras manger et boire quand nous nous reverrons, car ce sont les seules jouissances dont nous nous entretenons en ces climats sauvages, où tout est déjà froid, jusqu'à l'amour.

Adieu, ma bonne Laure; toutes mes amitiés à ton bon mari; mes respects à tes dames et mille baisers à toi sur lesquels tu feras la part de ton Louis et pense au plaisir de nous revoir; ce sera de tout mon cœur que je presserai ma bonne Laure dans mes bras. J'ai besoin de repos, plus que d'honneurs. Cependant je vais continuer à faire tout ce que je pourrai pour mériter l'un et l'autre.

J'espère que la main qui m'a sauvé de mille dangers me ramènera encore auprès de ma bonne et chère fille.

DUPONT D'HERVAL,

Chef de l'état-major de la 2e division de cuirassiers, 2e réserve de cavalerie.

9e Division.

Bureau de l'État-major

Enreg. N°

Empire Français

Par Ordre de Son Excellence le Ministre de la Guerre,

Le Secrétaire général du Ministère

Certifie à tous qu'il appartiendra, que M. l'adjudant commandant [illegible] de [illegible], qui était employé à la Grande Armée, a été tué à la Bataille de la Moskowa le sept septembre dernier.

Vérifié par le Chef du Bureau,

[illegible]

Délivré gratis

En foi de quoi il a délivré le présent Certificat, pour servir et valoir ce que de raison.

Fait à Paris, le deux [illegible] mil huit cent treize.

[illegible]

Certifié véritable par le Chef de la 2e Division,

Tabarié

APPENDICES

Un Saint-Cyrien de 1803

Lettre du jeune Robert Dupont, dit Pompon, le chevalier des Lions, pensionnaire au Prytanée, à Saint-Cyr, à sa sœur, Laure Dupont.

Saint-Cyr, dimanche soir 24 octobre 1803.

Hélas, « mon cher Prosper », les vers que tu me demandes sont encore au moule et je ne pourrai te les envoyer que dans ma prochaine lettre ou dans l'autre. Si tu savais comme j'ai de l'ouvrage! Thèmes, versions, amplifications tombent sur mon dos comme de la grêle. Je ne sais pas encore, ma chère amie, si papa est parti pour cette heureuse Angleterre qui a tant d'envie de le posséder. J'ai reçu, de ce papa bien aimé, vendredi dernier, une lettre qui me marque que l'homme propose et que le Ministre de l'Intérieur dispose, que, comptant partir lundi, un parafe qui manquait à son passeport l'avait retardé jusqu'à ce jour. Je n'ai pas reçu de lettre de maman; papa m'a dit dans sa lettre qu'elle se portait bien; mais en revanche, j'ai reçu deux ou trois lettres de Rouen, de la part de mes bons amis Le Sueur et Moria. Le Sueur m'apprend qu'un accident vient encore d'arriver sur le bateau d'Elbeuf. La corde a renversé un jeune homme qui donnait la main à une femme qui a péri malheureusement.

Tu me dis que tu ne sais pas si papa sera revenu dans deux mois; tu sais qu'il nous a juré sa parole d'honneur; ainsi, il ne nous trompera pas encore une fois; je ne t'oublierai pas; sois sûre qu'aussitôt que je serai à Paris, je prierai instamment papa de te laisser avec moi pendant le temps que j'y resterai et c'est là que nous irons voir Pataquès et Phèdre. Et comme je te l'ai déjà dit, pour un jour de bonheur, nous oublierons deux ou trois mois de souffrances et de peine.

A l'instant où je t'écris, nous revenons de la promenade; là à l'endroit où nous nous assîmes,

Entre deux rives de gazon
Sur un sable d'argent avec un doux murmure,
Mollement serpentait une onde vive et pure.
Là, ranimés par la saison,
Mille oiseaux par leurs chants saluaient la nature.
A la moitié de sa carrière.
Le blond Phébus, sur son char radieux,
De l'éclatant Olympe et du séjour des dieux
Répandait à grands flots des torrents de lumière.

Tu vois que je te dis cela pour te dire que nous avions un petit ruisseau à nos pieds, que des oiseaux sifflaient et qu'il était midi! Là, après avoir beaucoup réfléchi sur l'inconstance des choses humaines et parlé du plaisir que nous aurions chez nous, moi et mon cousin nous avons beaucoup parlé de toi. Nous sommes convenus d'apporter en promenade toutes les lettres que nous aurions reçues depuis le jour de congé et cela nous amuse beaucoup. Si tu veux, aussitôt que nous recevrons des lettres de papa ou maman, nous nous en ferons part réciproquement. Adieu, ma belle Laura, mon petit Prosper. Pense toujours à moi, je t'aime bien. Rappelle-moi au souvenir de tes bonnes amies. Adieu. Adieu. J'ai été bien content de ta lettre, écris-moi bien vite et dis-moi si tu as reçu la mienne.

Ton frère,

Robert.

Mais qu'entends-je? Vite, votre habit d'uniforme! Le premier Consul va venir! Je vais donc le voir, cet homme, la terreur de toutes les nations! Mais on me presse, je ne peux pas t'en dire davantage.

Lundi soir, 10 brumaire.

Je n'ai pas encore reçu de lettres de papa, ni de maman: sitôt que j'en aurai reçu, je t'en ferai part. Tu sais bien, ma bonne amie, que tu me demandes ardemment des vers. En voilà quelques-uns que j'ai faits. Ils ne sont pas bien, mais du moins c'est ce que j'ai pu faire de mieux. Dans quelque temps, je t'en ferai de plus beaux. Tu sais bien, quand tu étais petite, que tu jouais avec une poupée, qu'à présent tu es grande et que dans bien longtemps tu deviendras une vieille gnangnan. Eh bien, écoute :

Assise gravement, Laure est fort occupée
A coiffer, décoiffer, parer une poupée
Jeune encore elle en fait son plus bel ornement.
Et trouve en ce jouet un long amusement.
Tantôt elle la pare et puis la déshabille,
Avec cet être muet, elle jase et babille.
Près d'elle, une beauté, dans un miroir flatteur,
Contemple les contours de son corps enchanteur.
Tandis que cette Hébé complaisamment s'admire
L'agréable souris sur ses lèvres expire.
Elle tresse ses cheveux, étudie avec art
Sa mise, son maintien, jusqu'à son regard.
Déjà dans l'âge mûr une femme plus sage
Brodant son métier regarde son ouvrage.
De la futile mode elle laisse les soins,
D'une folle jeunesse inutiles besoins;
Et, belle de l'éclat de la simple nature
S'orne de ses talents plus que de la parure.
Plus loin au large assise en un vaste fauteuil,
Une vieille déjà sur le bord du cercueil
Au teint pâle et ridé, à la mine sévère
Prétend que sa maison la craigne et la révère.
Elle gronde, tempête, et dans son vain courroux,
Sa frêle voix se perd pendant sa longue toux.

Ne voilà-t-il pas du philosophique et du pathétique ? Ah ! ma sœur, je serais trop heureux si mes vers plus gentiment tournés

Pouvaient plaire à l'objet qui les a inspirés.

Mais qu'ils te plaisent ou non cela ne sera pas ma faute. J'ai fait tout mon possible pour te contenter; le reste à une autre fois.

Hélas, il y a eu hier un mois que je suis à Saint-Cyr. Il y a un mois que j'ai quitté ce cher Paris et je n'ai pas encore été en prison. J'ai pourtant commis une action qui méritait bien l'incarcération. Un jour, suscité par un mauvais esprit, j'ai éteint tous les réverbères qui se trouvent dans les vestibules et les longs corridors de Saint-Cyr. Quand le roulement a annoncé le signal de la sortie des classes et que les maîtres ont vu cela, que les écoliers se poussaient rudement, ah! si tu z'avais vu ça!

Une autre fois, en promenade, j'ai manqué de perdre la vie dans un terrible combat. Un effroyable essaim de guêpes faisait ses invasions dans le champ où nous étions. Je fus député avec quelques autres pour aller leur déclarer la guerre, détruire leurs fortifications et leur couper les vivres; nous courons, nous volons, nous combattons; le sang ruisselle; on ne voit que pieds et têtes de guêpes répandus çà et là : l'action est des plus acharnées.

....Après bien des morts et des blessures de part et d'autre, nous vainquîmes et nous fûmes couronnés de gloire et notre nom vola à l'immortalité!

Hélas, faut-il que le papier soit si court pendant que j'aurais tant de choses à te dire. M'aimes-tu toujours bien? Pour moi, je t'aime de tout mon cœur. Ecris-moi bien vite. — Je conserve tes lettres exactement dans ma baraque et je les numérote, 1, 2, 3, etc. — Ne montre point mes vers.

Saint-Cyr, lundi soir 18 octobre 1804.

Ma chère sœur,

Que te dirai-je aujourd'hui?... Je te dirai, m'amie, que j'ai quitté St-Cyr avec une plus grande joie que je n'y suis rentré. Je ne sais point pourquoi, mais l'entrée de St-Cyr est infiniment mélancolique et la sortie en est bien agréable! Oui, mais il faut se consoler; car, dans deux mois j'irai à mon tour te voir à Paris... Je ne sais pas pourquoi l'on nous sépare, j'en suis bien mortifié. Si tu pouvais me faire venir un camarade, c'est ça qui serait gentil; ou si les demoiselles qui étaient jadis enfermées dans ces murs s'avisaient de revenir, quel tapage! Elles voudraient toute la place; je la leur céderais, mais j'en garderais un peu pour moi!....

Poésie légère du chevalier Dupont d'Herval

Épître à la Reine Mathilde

Tous les feux qu'alluma chez son cousin Oreste
Hermione, en dépit de ses regards bourrus;
Ceux qu'un amour aussi funeste
Au sein de cette ingrate alluma pour Pyrrhus;
Ceux dont ce roi félon, oubliant sa promesse,
Pour la veuve d'Hector brûla, malgré la Grèce
(Et puisqu'on peut placer un très vulgaire nom,
Près du fils d'Achille et d'un Agamemnon);
Tous ceux qu'au fond de sa boutique
Un Ducoutil, citoyen tapissier,
Couvait sous sa perruque antique,
Je les ressens pour toi, trop cruelle Mathilde.

J'ai de George, dans Phèdre, admiré le beau corps,
J'ai vu danser Terpsychore ou Clotilde,
De Fanchon, sur sa vielle, entendu les accords :
J'ai joui, par les yeux, comme par les oreilles,
Des beautés qu'à Paris on nomme sans pareilles;
Et cependant, malgré ta cruauté,
C'est toi que je préfère,
Adorable beauté
Dont un léopard fut le père.
Pourquoi diable! t'avisas-tu,
Quand tu vins par la diligence,
D'emballer avec toi ton paquet de vertu
Et ta ridicule constance?

Les dames de Calais auraient-elles besoin
D'un bon exemple? Et toi, que, d'un cœur idolâtre,
Je suivrais au boudoir encor plus qu'au théâtre,
De réformer les mœurs aurais-tu pris le soin?
On me dit cependant, et mon cœur en soupire,
Que le tien, qui se ferme à tous nos mirliflors,
D'un tendre sentiment éprouvant le délire,
Pour un heureux mortel épanche ses trésors!
La jalousie aime à médire :
Peut-être il n'en est rien, mais s'il était ainsi
Adieu parents; adieu Mathilde aussi!
Si je ne meurs d'amour, je vais crever d'envie!
Fi donc, crever! L'envie est le poison du sot!
Tu rirais trop, si j'en perdais la vie!
On ne prend pas toujours les amoureux au mot.
La Fontaine, pourtant, dit que tel fut le lot
De certaine grenouille
A l'aspect d'un bœuf gras! L'ardeur, qui me chatouille,
Ne sera pas, crois-moi, la cause de ma mort.
De prolonger mes jours je me ferai l'effort!
De mon martyre et de ma patience
J'espérerai la récompense
Jusqu'à ce jour terrible où l'arbitre du sort
Doit juger en dernier ressort!
En l'attendant, je ferai pénitence.
Qu'il laisse en paix ton bœuf, qu'il rumine à loisir!
Qu'en ton parterre il s'ébatte à loisir!
Qu'il soit heureux, puisqu'il a su te plaire!
Me résigner est mon unique affaire!
Si je ne puis calmer l'orgueil de mon désir,
Je saurai souffrir et me taire.

Pasiphaë, jadis, brûla pour un taureau
Pour de bonnes raisons qui nous sont parvenues :
Les tiennes sont moins connues
Ton bœuf n'est d'ailleurs qu'un grand veau,

Puisqu'il a, jusqu'alors, attendu que tu l'ornes
De l'attribut commun qu'on appelle des cornes!
Mais pourtant, s'il plaisait à Dieu
Qu'à ce bas monde, un jour, ce veau-là dit adieu,
Ou bien, si tu voulais d'avance
Me promettre sa survivance,
J'irais, tout de ce pas, supplier son bourgeois
De le faire partir par le plus prochain coche
Pour porter un paquet au roi des Iroquois,
Qui, peut-être, mettrait le porteur à la broche.
Pour cet heureux rival tels sont mes vœux secrets :
S'ils ne sont pas dictés par la charité pure,
C'est que, lorsqu'il s'agit de nos chers intérêts,
Le meilleur cœur se dénature.
J'étais né bon, très bon; un amour malheureux
A soudain perverti mes penchants généreux,
Et je crois dans l'ardeur de ma jalouse fougue
Que je pourrais manger moi-même Monsieur F....
Crocodile adoré, tu vois tous mes combats :
Naguère je l'envoyais paître:
Je lui laissais tous ses ébats
Et maintenant, si j'en étais le maître.
J'aimerais à l'aider sauter par ta fenêtre
Du haut en bas!
Ah! s'il était déjà dans l'Elysée!
Ah! si de tes appas devenant possesseur,
Dans ton amoureuse pensée,
Je me voyais établi successeur!
Tu verrais comme
Je mordrais à la pomme
Qui fit du Paradis
Chasser, — au temps jadis —
Ton grand'papa, le premier homme!

A propos de ce vieux pécheur
Dans les bosquets d'Eden, en Mésopotamie,

Si j'eusse eu l'insigne bonheur
De t'avoir pour ma douce amie,
Sans balancer je l'aurais imité
Et damné ma postérité.
Mais où m'emporte un si beau rêve?
Qu'il est ennuyeux d'être Adam
Alors qu'on sent monter sa sève
Et qu'on se réveille sans Eve!...
Peut-être voudrais-tu savoir si le quidam
De ton gâteau qui convoite la fève
Est de Paris ou Rome, ou Guine ou Rotterdam?
S'il est né dans Marquise ou s'il vient de Genève?
Las! Je ne suis qu'un simple citoyen
De la République des Gaules
Jamais des franges d'or n'ont chargé mes épaules;
Pour un chapeau bordé je ne donnerais rien.
Tu le sais; ici-bas nous avons tous nos rôles,
S'il en est de fort sots, il en est de fort drôles,
Celui de nous plaire est le tien :
Tu sais pour mon repos t'en acquitter trop bien.
Le mien, à moi, sur la scène d'un monde
Où règne la sottise, où la folie abonde,
Est d'être un honnête bourgeois.
Je n'ai pas cinquante ans, mais j'en ai plus de trente.
J'ai, dans Calais, quelques écus de rente.
Mon caractère est franc, sans être discourtois.
Je vis tout doucement de mon petit négoce.
Si tu veux m'essayer pendant un petit mois,
Je te mène à Paris dans mon petit carrosse.
Dans Amiens nous ferons la noce
Dans un dodo charmant, à l'hôtel des Trois-Rois :
Il est de damas bleu, ramage chèvrefeuille.
Je t'y dirai bonjour au moins trois fois... trois fois!
Nous ferons le calcul de mes nombreux exploits
Et nous les noterons dans notre portefeuille
Lorsque tu t'ennuieras de compter sur tes doigts.
Par le grand froid qui déjà nous accueille,

Cela vaudra bien mieux que d'aller dans un bois
Visiter l'envers de la feuille!
Nous serons partis deux et nous reviendrons trois :
Si ta prudence autrement en décide,
A mes désirs brûlants tu retiendras la bride!
De ma flamme pour toi tu verras le degré
Et tu me garderas — si je suis à ton gré.

Comme je t'aimerai, ô cruelle Mathilde!
Télémaque jamais ne chérit Eucharis,
Jamais le roi Clovis n'adora sa Clotilde,
Non, Dunois ne fut point de sa Pucelle épris
Comme je le serais de ma belle conquête.
Toujours son chocolat de mes mains serait fait,
Comme je tiendrais chauds tes petits pains au lait
Et ta douillette toujours prête!
Elle recélerait ces formes dont l'Amour
Voulut, exprès pour lui, dessiner le contour.
Je t'offrirais des fleurs, comme au jour de ta fête.
Je ne voudrais courir que six postes par jour,
De peur que les cahots ne t'ébranlent la tête.
Si dans mes bras tu voulais sommeiller,
Je ne soufflerais pas, de peur de t'éveiller.
Au lieu de pain, tu vivrais de brioche,
De cannetons dodus, de perdreaux à la broche;
Des filets de chevreuil, lardés et marinés
Offriraient à l'envi leur fumet à ton nez.
Des salmis de bécasse et des civets de lièvres
Seraient seuls réservés pour tes vermeilles lèvres.
Tu ne manquerais pas de bons pâtés d'Amiens.
S'ils ne te semblaient pas aussi bons que les tiens,
J'écrirais à Strasbourg d'aveugler cinquante oies
Et de t'en adresser les foies.
Comme on peut présumer, sans être grand devin,
Que tu bois, en dînant, quelques verres de vin,
Celui d'Aï, l'honneur de la Champagne,

Pétillerait pour ma chère compagne.
Après dîner, sur un long canapé,
Nous jaserions jusqu'au soupé.
Ce souper t'offrirait des fruits, des confitures,
En attendant les grandes aventures.
Et puis, lorsque minuit exauçant mes désirs
T'appellerait au trône des plaisirs,
Je deviendrais ta caméristе.
D'un tour de main je saurais mettre à bas
Corset, fichu, jarretières et bas;
Puis dans l'alcôve arrivant sur ta piste,
J'aurais grand soin de tenir tes appas
Enveloppés du rideau de Damas,
Et puis... Et puis l'amour jouerait son rôle...
Qu'en penses-tu? Cela serait fort drôle!

Mais tu dis non. — Quoi? toujours non?
Tu préfères Calais aux rives de la Seine,
Et glorieuse de ta chaîne
Tu ne veux la porter qu'avec ton compagnon?
Tant pis pour toi! Car je t'aurais choyée
Si dans ce fol amour tu ne t'étais noyée.
Moi, qui connais mes tendres sentiments,
Que je te plains d'être ailleurs employée
Et de perdre dans moi le meilleur des amants!
Pour toi j'aurais tout fait, astre de mes prunelles.
J'ai toujours vu, depuis que j'ai connu les belles
Qu'il ne fut onc moyen plus sûr,
Pour être heureux près d'elles,
Que de les bien aimer par égoïsme pur. . .
Un seul regard m'aurait dit tes désirs :
Même. ô tes deviner j'aurais mis mon étude.
Tes désirs satisfaits auraient fait mes plaisirs
Et tu m'aurais aimé, du moins par gratitude.

J'oubliais d'ajouter qu'à ton moindre vouloir
J'aurais de mes deux mains employé le battoir.
J'aurais sifflé, claqué, d'après ta loi suprême,
Pour t'obéir, enfin, j'aurais osé
Crier Bravo! pour Lisidor lui-même,
Et bravant Sir Bifteck et sa colère extrême,
A le honnir je me fusse exposé.
J'aurais, par mes sifflets, jusque dans la coulisse,
Poursuivi la nouvelle actrice.
C'eût été peu. J'aurais été plus loin,
Couru, pour t'amuser, cent milles au besoin
Et quand l'antique Arsène eût chanté dans « Ostende »,
De tousser j'aurais pris le soin
Pour que personne ne l'entende!
Hélas! que pourrais-je de plus?
Et c'est moi qu'on dédaigne!
C'en est fait. Je suspends mes soupirs superflus.
On ne veut pas m'aimer?... Il est temps qu'on me [craigne.

Mais qu'ai-je dit? Où m'emporte l'amour?
Qu'elle est loin de mon cœur cette laide menace!
Prends ton crayon : efface, efface, efface...
Un remords dévorant est déjà mon vautour.
Qui? Moi? Je siff... Ah! quel blasphème!
Peut-on affliger ce qu'on aime?
Voltaire a dit — et j'aime à le citer —
Qu'il était mal d'aller persécuter
L'objet qui repoussait l'encens de notre hommage,
Et qu'en semblable cas, boire était le plus sage.
Je n'ai pas soif. Je sens qu'un lutin bien méchant
Vers « Une heure de mariage »,
Va m'entraîner encor par un secret penchant.
J'irai; je reverrai ce dangereux théâtre :
Ne pouvant y toucher, hélas! je veux qu'au moins
Mes yeux de ton beau cou puissent baiser l'albâtre.
N'en puis-je pas jouir, ainsi que mil témoins?

Et regarder encor ta noire chevelure
Comme tant d'autres spectateurs?
Sa couleur est d'un doux augure
Pour les gens curieux de la belle nature;
Ces voluptueux amateurs,
Qui, du culte d'amour heureux enthousiastes,
De l'ivoire et l'ébène admirent les contrastes.
J'oublierai Roméo pour mieux contempler l'arc
De tes sourcils plus noirs que le duvet des merles.
De tes trente-deux dents je reverrai les perles,
Telles qu'aux temps passés en porta Jeanne d'Arc.

Je serai près de toi. Pour calmer mon martyre,
Il suffira d'un regard généreux,
Et je reviendrais presque heureux
Si j'avais vu tes lèvres me sourire!

La Pologne régénérée

Poème

Le chevalier Dupont d'Herval a adressé à sa fille, la belle Laure, le poème sur la Pologne dont il parle dans ses lettres. — Soit : un millier d'alexandrins, écrits dans le style pompeux et ampoulé de l'époque, non sans valeur pourtant, mais difficiles à lire aujourd'hui. Nous en citons quelques extraits, à titre de curiosité. Le manuscrit est accompagné de nombreux renvois explicatifs destinés à sa fille, et généralement fort amusants. La parole est au chevalier Dupont d'Herval.

D'où part ce cri de guerre, avant-coureur d'alarmes (1) ?
Le bronze a retenti; j'ai vu briller des armes....

(1) C'est la Pologne qui parle. La Pologne usurpée et partagée définitivement en 1794 par ses bons voisins les Russes, les Autrichiens et les Prussiens, semble ressusciter à la fin de 1806 à l'approche des Français et, soulevant sa tombe, elle va parler, ...et parler longtemps..... Mais il faut que tu

observes qu'elle est femme, et qu'elle s'est tue pendant douze ans d'esclavage !

... Ils (les Français) chantent leurs exploits; ils vantent
[leurs héros.
D'Iéna, de Naumbourg (1) ils disent les batailles,
Et Magdebourg forcé dans ses triples murailles,
Et l'aigle de Potsdam (2) fuyant vers Pétersbourg.

(1) Ce que tu ne sais pas, c'est que c'est à Naumbourg que ma glorieuse Division s'est d'abord distinguée.

(2) Personne n'ignore, à Elbeuf, que Potsdam est le Versailles de la Prusse; c'est pourquoi je ne le répète pas.

Tu (Napoléon) n'as encore paru qu'aux champs de Pos-
[nanie (1),
Déjà dans Pétersbourg pâlit la tyrannie.
Déjà, ce jeune Czar (2), dont le farouche orgueil
Naguère d'Austerlitz a rencontré l'écueil
Qui rendit grâce alors à ta rare clémence,
Se croyant mal gardé par l'intervalle immense
Dont la nature en vain sépara vos climats (3),
Invoque le rempart des neiges, des frimas,
Comme s'il ignorait que c'est dans les obstacles
Que ton puissant génie enfante les miracles,
Que les Alpes t'ont vu, sur leurs rocs sourcilleux,
Gravir avec audace, escalader les cieux (4),
Y faire retentir le clairon de la guerre;
Sur l'Olympe, au dieu Mars arracher le tonnerre,
A tous les éléments livrer de longs combats
Et, bravant, au milieu de tes dignes soldats,
L'abîme sous tes pieds, la foudre sur ta tête
Aux champs de Marengo fondre avec la tempête !

(1) La Posnanie ou la Grande Pologne dont Posen est la capitale, est l'heureux pays où j'ai commencé ce poème incorrect, où tu trouveras beaucoup à reprendre, et que je te prie de polir.

(2) Si par hasard tu ne t'en souvenais plus, ta coiffeuse te dira que les Empereurs de Russie s'appelaient naguère czars ou tzars. A propos de coiffeuse, mon poème pourrait bien te servir à te faire des papillotes, si le papier n'était pas si dur. Heureusement pour ma gloire !

(3) Seulement 800 lieues entre Paris et Pétersbourg.

(4) Le passage fameux du Mont Saint-Bernard, route de Marengo.

Ses défenseurs altiers (de la Prusse) dont la folle arrogance
Affectait d'oublier, en menaçant la France,
Et les bois de l'Argonne et les champs de Valmy (1).
Ces braves, ces héros, qui loin de l'ennemi
A l'abri de leurs murs aiguisaient leur épée (2),
Y sont rentrés sans arme et, trop tard détrompée,
Leur vaine soldatesque à son poste a revu
Des grenadiers français le spectacle imprévu !

(1) Champs de bataille en Champagne, où les Prussiens ont été étrillés, moi présent; — car j'étais avec eux quand ils furent brossés.

(2) Je dois te dire que les grands gendarmes prussiens, échauffés par leurs chefs avant cette guerre, allaient aiguiser, par fanfaronnade, leurs sabres sous les fenêtres de l'ambassadeur de

France. Nous les avons pris et l'Empereur les a punis en leur faisant traverser Berlin sans arme; ils sont aujourd'hui prisonniers dans cette France qu'ils voulaient conquérir! Tous les généraux Prussiens, et même les officiers, voulaient la guerre avec la France. Au théâtre même, on chantait des airs impertinents contre les Français. Les bourgeois aussi voulaient la guerre: ils l'ont eue.

Autre note: Le prince Louis tué à Saalfeld et bien tué car je l'ai vu dans sa dernière maison; de Ruchet tué à Iéna; le vieux Brunswick mort de ses blessures; le prince Auguste, le prince Hohenlohe, le vieux Mollendorf, etc. sont prisonniers. Les débris de l'armée prussienne ont été pris à Lubeck avec Blücher et désarmés.

Et toi, qui fus leur Reine (des Prussiens)...
.... ta témérité
A reçu le seul prix qu'elle avait mérité (1).

(1) La dite reine était à la bataille d'Iéna où elle manqua être prise. — (Cette apostrophe ne te paraîtra peut-être pas trop galante de la part d'un Français qui doit toujours être respectueux envers les dames, et surtout envers de belles reines. Eh bien, efface-la!). — Toute la Prusse l'accuse d'avoir, par complaisance pour l'empereur de Russie, précipité le roi de Prusse dans cette guerre si fatale pour lui. Prends garde à ne donner que de bons conseils à ton Louis!

... Et tu viens aujourd'hui, de remords dévorée,
Mendier un asile en ma triste contrée (1)....

(1) Le roi et la reine de Prusse avaient déjà galopé jusqu'en Pologne lorsque j'écrivais ces lignes.

Autre note : Les Russes et les Cosaques d'aujourd'hui sont, comme tout un chacun sait, des Scythes et des Tartares assez mal élevés.

... Souveraine imprudente, épouse plus coupable (1),
Tu te flattes encor dans ton sort déplorable
Des promesses d'un prince, inutile soutien,
Qui perdra son pays sans te rendre le tien....

(1) On le conte comme çà, mais je ne le jure, ni ne le parie, car je n'ai rien vu. D'ailleurs, toutes les femmes ne te ressemblent pas: elles n'aiment pas leurs maris exclusivement.

... Impitoyable Prusse, à qui je dois mes fers....

Il est possible que tu aies oublié que, plusieurs années avant ta naissance, le grand Frédéric de Prusse envoya le prince Henri, son frère, à la cour de Catherine de Russie pour lui proposer — le voleur qu'il était — le partage de la Pologne, ce qui fut agréé de grand cœur par la brave impératrice.

Autre note: Nous leur avons pris Emden dans la mer d'Allemagne et Stettin avec Elbing dans la Baltique; et j'espère que, grâce à Dieu et à cent mille boulets rouges, nous leur prendrons en peu de jours Dantzig, bravement défendu par le vieux Kalkreuth, dernier camarade de Frédéric le Grand.

Autre note: Oui, il me semble que nous avons bien épargné aux Russes la moitié de leurs pas, et qu'ils n'ont pas eu besoin de venir à Paris pour nous trouver!

... Il (Napoléon) fera plus encore et bientôt sa pour-
[suite,
Jusque dans vos remparts atteindra votre fuite,
Et Pétersbourg peut-être... et son prince hautain...
Mais n'anticipons pas les arrêts du Destin (1)....

(1) C'est une manière de petite prophétie que je jette là, je suis un petit Jonas.

Autre note: L'Europe sait que les brigands qui la ravagèrent dans le midi, venaient du fin fond du Nord; mais c'est plusieurs années avant nous : tu peux l'avoir oublié.

... Vous apprendrez bientôt si des splendeurs du trône
Préférant l'appareil aux travaux de Bellone
L'Empereur du soldat oublia le métier,
Si Bonaparte existe encore tout entier
Et, contemplant en lui l'homme (1) des destinées
Vous soumettrez au joug vos têtes condamnées !...

(1) Les Allemands lui ont donné ce nom dans la dernière campagne.

Notes diverses: Paris est une grande bourgade

sur la Seine, à côté de Neuilly: c'est là où tu m'as boudé pour la première fois!

— J'ai dit au 9e vers « mes plaines captives »; a présent, je dis « mes champs affranchis ». Ça n'a pas le sens commun; mais nous les corrigerons ensemble, quand les Kalmouks seront de retour dans leur Caucase!

— Encore une fois, la Catherine de Russie, le Joseph d'Autriche et le Frédéric de Prusse, qui fut lui-même sur le point d'être détrôné, sont les trois brigands qui se sont mis trois pour voler la Pologne. Et, malgré leur ligue, les trois susdits brigands n'eurent pas l'impudence de voler toute la Pologne. La consommation du vol appartient à leurs dignes successeurs.

— Dit-on « qu'un nuage dissout un vain amas » ou qu'un « vain amas se dissout »? J'attends ton opinion pour me décider.

— Je vais parler à présent aux rois de Pologne morts depuis des siècles. Crois-tu qu'ils m'entendront? Tu verras qu'ils ne me répondront pas!

... Et toi, des Ottomans heureux triomphateur,
Grand Roi qui dérobant Vienne à la servitude
N'as appelé sur moi que son ingratitude (1)....

(1) Tu conçois que je veux parler de l'immortel Jean Sobieski, un des derniers rois de Pologne, qui délivra Vienne assiégée par les Turcs, et Vienne s'en est acquittée en démembrant la Pologne!

... Dois-je vous rappeler, pour émouvoir vos âmes,
Vos murs souillés de sang, vos champs livrés aux [flammes
Et vous offrir encor le hideux souvenir
D'un bourreau qu'à jamais maudira l'avenir (1).

(1) Quel barbare que ce Souvaroff, qui, à l'assaut d'Ismaïlof, fit égorger 30.000 Turcs; 20.000 à celui de Prag, grand faubourg de Varsovie. Femmes, enfants, vieillards, tout fut immolé, jusqu'à des révérends pères capucins. Ce même tigre avait gagné la bataille de Rimnsky, qui lui valut le titre de prince de Rimnskof, qu'il souilla par sa férocité.

Autres notes diverses: Nous autres, enfants de la mythologie, comme toi et moi, nous donnons le nom païen de Thémis à la justice — qui est pourtant une vertu chrétienne!

— Les seigneurs prussiens, favoris du roi ou de la reine, s'étaient emparés des hôtels et des terres des seigneurs polonais, mais nous avons remis chacun à sa place!

— Tu as lu que M. de Bougainville amena d'Otahiti, un jeune Indien qui, dans tout Paris, ne trouva rien de plus beau qu'un bananier qu'il reconnut dans les serres du Jardin des Plantes. M. Delille a traité ce sujet dans son poème *Des Jardins*. Il est bien hardi à moi, n'est-ce pas? de parler de Potaveri après l'abbé Delille. Et puis, dis-moi, je t'en prie, et dis-le en conscience, à quoi bon les vers suivants sur l'amour de la patrie, à quoi bon Potaveri, à quoi bon Otahiti dans un poème sur la

Pologne? C'est du bavardage, rien de plus. Et dire qu'il y a pourtant des gens, d'un bon naturel, qui aiment ces vers-là!

— Je te dirai que je viens d'entrer en bien mauvaise humeur; on vient de me rapporter que les Cosaques nous ont enlevé deux sentinelles à nos avant-postes de Redikama : je cours m'en assurer.

Rien n'est plus vrai; ce sont deux brigands qui se sont laissés surprendre. Il faut que nous en soyions vengés cette nuit même.

Et Marengo, témoin d'une grande victoire
Qui, croyant du Héros avoir comblé la gloire,
S'enorgueillit six ans de rester sans égaux
Et qui compte déjà deux illustres rivaux!

Comme qui dirait Austerlitz et Iéna. Eylau n'était pas encore connu quand j'écrivais et, toi qui raisonnes solidement, tu vois bien que je ne pouvais parler au mois de décembre de la bataille d'Eylau qui s'est donnée le 8 février.

— Maximilien, électeur de Bavière, aujourd'hui Roi, a été attaqué, sans dire gare, par les Autrichiens, il y a dix-huit mois, au moment où nous étions embarqués, pour voguer en Albion. Nous sommes débarqués, mais c'est partie remise! L'Empereur d'Autriche aurait bien mieux fait de se souvenir de Marengo et de nous laisser aller bonnement en Angleterre.

— Le Général Duroc est aussi brave soldat qu'habile négociateur. Le Maréchal Bernadotte prince de Pontecorvo, s'est fait chérir des habitants du Hanovre quand il gouvernait cette conquête.

— Oh oui, en Pologne, il y a bien des marais, bien sales, bien profonds où j'ai laissé déjà deux chevaux, moi qui te parle. J'en ai encore neuf, parmi lesquels il y en a sept qui ne m'ont pas coûté cher !

— Tu as su le trait héroïque de l'Empereur qui pour prouver à son armée, en Egypte, que la peste n'était pas épidémique, entra dans l'hôpital des pestiférés à Jaffa, où il sonda lui-même les tumeurs des malades, comme tu as pu le voir dans une belle estampe.— Mais où diable la Pologne va-t-elle chercher cela ?

Il faut que j'abrège mes notes malgré moi, ma chère Laure, car, foi d'ami, j'ai autre chose encore à faire !

... Et crurent voir encor luire un rayon prospère....

— Vers dur, à cause de 8 R.

— Te rappelles-tu l'époque où la France, mal menée par l'imbécile Directoire, appelait Bonaparte, alors en Egypte ?

... Le pouvoir avili, qui se fit longtemps craindre,
Dans l'égout du mépris retomba sans se plaindre....

Je n'aurais pas corné cette tirade dans les rues de Paris, il y a quelques années. A présent, je m'en bats l'œil !

— J'ai entendu dire ce mot à Posen par l'Empereur à une députation de Palatins Polonais : «Vous avez pour vous Dieu et votre sabre. C'est une guerre sainte que vous faites ! »

— J'ai arrêté que le prince Murat serait Roi de Pologne. Mais ma décision ne tire pas à conséquence : l'Empereur et le Prince peuvent en appeler. — D'après ce que j'ai entendu dire aux Polonaises, il semblait qu'elles étaient toutes amoureuses du Prince Murat.

... Et moi, de mes revers étouffant la mémoire,
Je vous retrouverai, jours brillants de ma gloire,
En voyant mes enfants par la France adoptés
Au rang des nations être encore comptés !

Voilà ma copie finie, et j'en suis bien aise, car mon plus grand bonheur sur la terre n'est pas de copier. Je me suis fait cet effort par obéissance pour toi. Voilà ces vers qui m'ont fait recevoir bourgeois de Varsovie : j'aimerais bien mieux qu'ils m'eussent donné six quintaux de foin et douze sacs d'avoine tant seulement !

Tu n'as plus qu'à acheter une feuille de papier marbré, pour deux liards, dont tu couvriras mon poème, si tu crois qu'il les vaut !

TABLE DES MATIÈRES

APPENDICES

Marc Imhaus et René Chapelot, imprimeurs, Nancy et Paris.

A LA MÊME LIBRAIRIE

Marquise DE LA TOUR DU PIN. — **Journal d'une Femme de cinquante ans (1770-1815),** publié par son arrière-petit-fils, le Colonel Comte DE LIEDEKERKE-BEAUFORT. — Deux volumes in-8 avec deux eaux-fortes. Chaque volume . . . . 6 fr.

Un Procès militaire sous l'ancien régime. — *L'affaire du Régiment Royal-Comtois (1773-1791)*, par le capitaine Albert LATREILLE, de la Section de l'État-Major de l'Armée. — 1913. Un volume in-8. . . . . 3 fr.

Le maréchal Pélissier, *duc de Malakoff*, par le général DERRÉCAGAIX. 1911, vol. in-8 avec 3 planches et 2 cartes hors texte . . . . 10 fr.

Récits d'Afrique. — **Yusuf,** par le général DERRÉCAGAIX. 1907, in-8 avec portrait . . . . 5 fr.

Mémoires militaires du lieutenant-général comte François Roguet, colonel en second des grenadiers à pied de la vieille garde, pair de France. (Campagnes de 1792, 1793, 1794, 1795, 1796, 1797 en Italie. Expédition d'Egypte. Expédition contre la Suisse (1798). Campagnes de 1798, 1799 et 1800 en Italie. Garnison de Paris (1800, 1801, 1802, 1803). Camp de Boulogne (1804). Campagnes de 1805 et de 1806 en Allemagne. Campagne de 1807 en Pologne. Campagne de 1808 en Espagne. Campagne de 1809 en Espagne et en Allemagne. Campagnes de 1810 et 1811 en Espagne. Campagne de 1812 en Espagne et en Russie). Paris, 1862, 4 vol. in-8 . . . . 30 fr.

Un général de Sambre-et-Meuse. — **Mémoires militaires du général Jean Hardy** (1792-1802). La Meuse. — La Moselle. — Le Rhin. Paris, 1883, 1 vol in-8 de 280 pages avec portrait et 4 cartes. . . . . 7 fr.

Publié sous la direction de la Section historique de l'état-major de l'armée. — **Mémoires et correspondance du général Leclaire (1793).** Avec une notice sur la famille Leclaire. 1904, in-8 avec carte et planche . . . 5 fr.

Mémoires du maréchal Suchet, duc d'Albuféra, sur ses campagnes en Espagne, depuis 1808 jusqu'en 1814, écrits par lui-même. 2e édition. Paris, 1834, 2 vol. in-8 avec un atlas grand in-folio de 15 planches gravées. . . . . 35 fr.

Le maréchal Niel (*1802-1869*), par le commandant J. DE LA TOUR, chef de bataillon d'infanterie breveté. 1912, vol. in-16 avec un portrait du maréchal. 3 fr. 50

La vie d'un soldat. Impressions et souvenirs de 1814 à 1903, par le colonel THOMAS. Paris, 1903, 1 vol. in-8. . . . . 5 fr.

Wolf, intendant général. — **Mes souvenirs militaires.** — Ecole polytechnique ; école de Metz ; au régiment ; en Algérie ; les deux expéditions de Constantine ; expédition du Mexique. Paris, 1886, 1 vol. in-8 orné du portrait de l'auteur. . . . . 7 fr. 50

Le colonel Cassaigne, aide de camp du général Pélissier, d'après sa correspondance et celle de ses amis. Afrique - Crimée, par le capitaine CASSAIGNE, du 34e de ligne. Mont-de-Marsan. 1900, 1 vol. in-8 . . . . 4 fr. 50

www.ingramcontent.com/pod-product-compliance
Ingram Content Group UK Ltd.
Pitfield, Milton Keynes, MK11 3LW, UK
UKHW021118220726
13924UKWH00004B/1790

9 782019 953065